湖南师范大学·经济管理学科丛书
HUNANSHIFANDAXUE JINGJIGUANLIXUEKECONGSHU

企业社会责任行为向竞争优势转化的机理与效应

The Transformation Mechanism and Effects of
Corporate Social Responsibility Behaviors to Corporation Competitive Advantage

吴定玉◎著

图书在版编目（CIP）数据

企业社会责任行为向竞争优势转化的机理与效应/ 吴定玉著 .—北京：经济管理出版社，2019. 3
ISBN 978-7-5096-6485-8

Ⅰ. ①企… Ⅱ. ①吴… Ⅲ. ①企业责任—社会责任—影响—企业竞争—研究
Ⅳ. ①F272-05 ②271. 3

中国版本图书馆 CIP 数据核字（2019）第 058276 号

组稿编辑：杨　雪
责任编辑：杨　雪　詹　静
责任印制：黄章平
责任校对：董杉珊

出版发行：经济管理出版社
（北京市海淀区北蜂窝 8 号中雅大厦 A 座 11 层　100038）
网　址：www. E-mp. com. cn
电　话：（010）51915602
印　刷：三河市延风印装有限公司
经　销：新华书店
开　本：720mm×1000mm/16
印　张：15. 5
字　数：199 千字
版　次：2019 年 3 月第 1 版　2019 年 3 月第 1 次印刷
书　号：ISBN 978-7-5096-6485-8
定　价：66. 00 元

总序 SEQUENCE

当历史的年轮跨入2018年的时候，正值湖南师范大学建校80周年之际，我们有幸进入到国家“双一流”学科建设高校的行列，同时还被列入国家教育部和湖南省人民政府共同重点建设的“双一流”大学中。在这个历史的新起点上，我们憧憬着国际化和现代化高水平大学的发展前景，以积极进取的姿态和“仁爱精勤”的精神开始绘制学校最新最美的图画。

80年前，伴随着国立师范学院的成立，我们的经济学科建设也开始萌芽。从当时的经济学、近代外国经济史、中国经济组织和国际政治经济学四门课程的开设，我们可以看到现在的西方经济学、经济史、政治经济学和世界经济四个理论经济学二级学科的悠久渊源。新中国成立后，政治系下设立政治经济学教研组，主要承担经济学的教学和科研任务。1998年开始招收经济学硕士研究生，2013年开始合作招收经济统计和金融统计方面的博士研究生，2017年获得理论经济学一级学科博士点授权，商学院已经形成培养学士、硕士和博士的完整的经济学教育体系，理论经济学成为国家一流培育学科。

用创新精神研究经济理论，构建独特的经济学话语体系，这是湖南师范大学经济学科的特色和优势。20世纪90年代，尹世杰教授带领的消费经济研究团队，系统研究了社会主义消费经济学、中国消费结构和消费模式，为中国消费经济学的创立和发展做出了重要贡献；进入21世纪以后，我们培育的大国经济研究团队，系统研究了大国的初始条件、典型特征、发展型式和战略导向，深入探索了发展中大国的经济转型和产业升级问题，构建了大国发展经济学的逻辑体系。正是由于在消费经济和大国经济领域上的开创性研究，铸造了商学院的创新精神和学科优势，进而形成了我们的学科影响力。

目前，湖南师范大学商学院拥有比较完善的经管学科专业。理论经济学和工商管理是重点发展领域，我们正在努力培育这两个优势学科。我们拥有充满活力的师资队伍，这是创造商学院新的辉煌的力量源泉。为了打造展示研究成果的平台，我们组织编辑出版经济管理学科丛书，将陆续地推出商学院教师的学术研究成果。我们期待各位学术骨干写出高质量的著作，为经济管理学科发展添砖加瓦，为建设高水平大学增光添彩，为中国的经济学和管理学走向世界做出积极贡献！

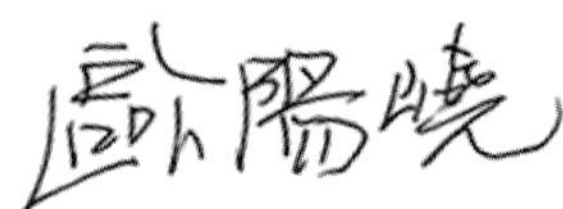

目录 CONTENTS

湖南师范大学商学院
BUSINESS COLLEGE OF HUNAN NORMAL UNIVERSITY

第一章

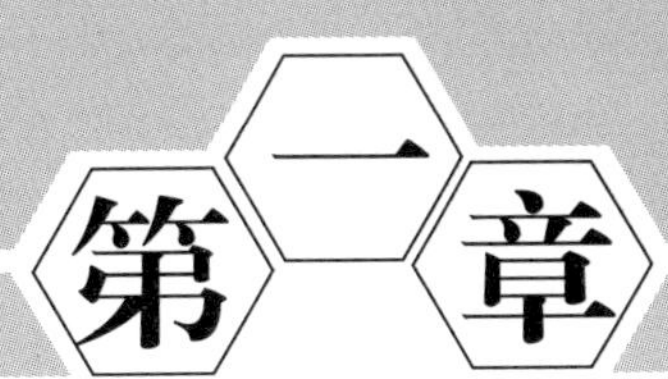

导　论

第一节

研究背景

众所周知，企业在经济和社会发展过程中起着强大的推动作用。然而有些企业在发展过程中奉行“企业利益至上”“企业利益最大化”等宗旨(那些仅仅追逐一己私利为目标的企业行为)，会给社会带来诸多负面影响。例如：对于自然环境，任意排放废气和进行掠夺式资源开采；对于消费者，夸大性广告宣传，贩卖假冒伪劣商品，进行坑蒙诈骗；对于员工，工作环境恶劣，随意拖欠和克扣工资；对于政府，部分企业一方面制造虚假信息骗取政府的财税优惠政策和产业扶持，另一方面还存在偷税漏税等行为。诸如此类的企业不正当行为，实际上是在获得自身利益的同时，践踏社会中其他利益相关者的利益。

进入21世纪，随着人们生活水平和文化素质的提高与发展，以及来自于消费者和劳动者以及一大批有识之士对于自身权利维护意识的觉醒，我们开始展开了声势浩大的各种抵制企业不正当行为的活动。这种活动逐渐发展成为一种围绕着保护人权、保障消费者权益以及保护自然环境等问题的社会讨论。与此同时，大多数企业也逐渐开始认识到作为一个“社会公民”，它面对的不仅仅是市场，还有整个社会。想要实现组织的目标与任务，必须要注重赢得社会的尊重，不仅要获得股东、员工和消费者的支持，还要得到社会公众如政府、合作伙伴以及媒体等其他利益相关者的认可，企业开始意识到自身的发展必须要与社会的发展协调一致，也要与自然环境相容共生。

随着我国经济的快速增长，我们在环境污染、质量安全、劳工冲突、诚

信缺失等方面的问题也不断涌现。改革开放后，社会主义市场经济体制正式建立，企业从政府的附属物中解放出来成为独立的经济主体，其市场地位受到前所未有的尊重，政府直接干预程度大幅度降低，市场竞争也日趋激烈。企业在追求自身利益最大化过程中焕发出勃勃生机，同时也为社会创造了巨大财富。只不过，资本的逐利本性使企业释放出来的负外部性也日益严重，这种负外部性实质就是以牺牲其他利益相关者的利益来换取企业自身的利益。市场竞争越激烈，企业这种“唯利是图”的动机就越强烈。中国社会主义市场经济的发展起步较晚（1992 年中共十四大提出），市场经济体制也很不完善，大多数企业还没有完成从创业向守业阶段成功地转型，导致许多企业为了生存和发展过分强调“企业利润最大化”这一目标。另外，由于企业与社会之间信息不对称，导致部分企业为了自身利益不惜“铤而走险”，譬如那些屡禁不止的员工安全事件、频见报端的食品药品安全事件以及伤天害理的非法排污事件等，企业的这种道德风险与逆向选择行为引发的负外部性使得其利益与社会利益的矛盾日益突显，而且这些矛盾似乎还可能有升级之势。

然而，在现实中，我国随着时代的发展和社会的进步以及人口素质和社会觉悟的大幅提高，人们对于企业社会贡献的期望值不断攀升。一方面，随着居民物质生活水平的不断提高，人们的需求层次也逐渐提升。相应地，人们希望企业不仅仅是作为社会财富的创造者，同时也要成为公民权利的维护者。因此，人们期望现代化的企业应当与时俱进，作为“企业公民”应当承担起相应的社会责任。例如，向消费者提供健康、安全、优质的产品和服务，向员工提供舒适的工作环境和更高的发展平台。另一方面，人们不仅仅重视自身的权利和价值，而且越来越关注社会公平和正义。我们不仅认识到消费健康安全的产品和服务是自己的权利，而且认识到环境污染与资源节约与我们的生活息息相关。人们期望企业在自身发展的同时，对于社会发展也能够发挥更多的建设性作用。此外，改革开放后我国在与发达国家的交流中，更深刻地理解了企业与社会的关系。这些问题也引发了学术界和企业界对企业本质的重新思考和对部分企业追求自身经济利益最大化目标的质疑，因此，社会公众对企业承担社会责任的呼声也日益高涨。

从全球范围来看，企业积极承担社会责任不但是自身发展的现实要求，也是社会发展对企业行为的合理期待；主动展开企业社会责任活动不但成为了一种国际潮流趋势，而且对于企业自身的发展同样具有重要的现实意义。尤其是在经济全球化背景下，对正在开拓国际市场的中国企业来讲，能否跟上全球企业社会责任活动的潮流，不仅是一种新的挑战，也是一种新的机会。那些能够紧跟时代潮流而且社会责任意识较强的企业不仅不是回避问题、被动接受挑战，而且是以积极的态度进行管理创新和制度创新，运用企业社会责任活动为企业创造新的竞争优势，即将企业社会责任作为新时代竞争力的一种“新元素”培育。例如，企业如果将社会责任活动嵌入企业发展战略中，构建系统的企业社会责任管理体系，培育企业社会责任文化，对内能够加强企业员工的凝聚力，提高员工的生产效率。对外通过慈善捐赠和公益营销等实践活动，能够提升企业品牌形象和企业声誉，吸引更加优秀的人才等。另外，在资本市场，企业进行社会责任投资也会获得更多投资者的青睐。有鉴于此，世界各国的企业、政府和非政府组织对企业社会责任问题的关注与日俱增，各国政府部门通过完善立法、强化执法、加强国际合作等方式推动企业承担社会责任；各种非政府通过劳工运动、消费者保护运动、环境保护运动、企业社会责任运动等来督促企业承担社会责任。

综上所述，由于部分企业为了一己私利在经营中表现出一系列不负责任的行为，与当代民众普遍对于现代企业寄予较高的社会期望产生了强烈的反差，让企业社会责任问题在当今社会问题中显得非常突出，同时由于国际产业链在全球的深入与发展，使得企业社会责任问题在全球范围内的紧迫性和影响力进一步加剧。因此，学术界和企业界对于企业社会责任问题不断扩展关注范围，不断提高关注层次，不断加大关注强度，深入研究并解决与之相关的具体问题，对于企业与社会的发展具有重要的理论和现实意义。

第二节 问题的提出

企业社会责任（Corporate Social Responsibility，CSR）的概念最早由Sheldon（1924）提出以后便引起了学术界的广泛讨论。从20世纪30年代初爆发的关于“企业管理者是谁的受托人”的贝多论战（哥伦比亚大学A. Berle教授与哈佛大学M. Dodd教授），到企业社会责任之父Bowen（1953）从商人的角度开创研究社会责任的先河，再到Davis（1960）从社会责任与权利的角度明确商人和企业的“责任铁律”，以及Friedman（1970）从自由竞争的角度试图廓清企业社会责任的边界，到最有影响力的Carroll（1979）关于企业社会责任的金字塔模型（经济责任、法律责任、伦理责任和自愿责任），后来，Aupperle（1985）甚至在Carroll的框架下开发了一套企业社会责任与伦理研究量表，并运用实证研究的方法检验了四种责任的权重。这些研究主要探讨了企业社会责任的构成要素。后来，利益相关者理论的代表人物Freeman（1984）另辟蹊径，探讨了企业应该对谁承担社会责任的问题。20世纪90年代后，企业社会责任领域研究的重点主要集中于利益相关者理论。

企业社会责任领域研究的内容从性质上可分为三类：①规范性研究。从道德准则的哲学视角提出企业为什么应当承担社会责任的规范性依据。②描述性/实证性研究。它主要用来描述、解释或预测企业的社会责任行

为。③对策性研究。它主要从企业和政府的角度讨论企业应如何承担社会责任[①]。在早期研究中，学术界主要围绕“企业为什么承担社会责任”的问题进行了持久的激烈争论。到现在为止，这个问题的争论基本尘埃落定：企业应当承担社会责任的观点已经广泛地被理论界和企业界接受。此后，企业社会责任领域探讨的重点转向了对企业社会责任行为的研究，围绕企业社会责任行为“是什么”的问题，探讨企业社会责任是什么？影响企业社会责任履行的因素有哪些？不同的企业社会责任行为对企业和社会有什么影响等。从现有研究成果看，大多数学者主要集中于探讨企业社会责任对企业财务绩效的影响这个问题。针对这个问题，在研究初期不同的学者得出了不同的结论，大致有三种观点，即企业社会责任对企业绩效无影响、有正面影响和有负面影响三种结论。国内外学者经过十多年的探讨，目前大多数人的观点基本趋于一致：企业如果注重正确履行社会责任的方式会对其产生正面的影响。因此，当前企业社会责任领域的研究主要集中于“怎么办”的问题。对于这个问题，现有的文献目前还仅限于一般概念和理论的探讨，虽然国外的文献在企业社会责任战略和企业社会责任管理体系等方面取得了一些进展，但这方面的研究还是缺乏关于“是什么”的强有力的研究成果的理论支撑，显得不够成熟。国内研究相对起步较晚，虽然以上三个方面的内容都有所涉猎，但研究重点总体上处于企业应当承担社会责任的理由和企业社会责任对企业的影响“是什么”问题的探讨上，对于企业社会责任到底应该“怎么办”的问题，由于缺乏规范的研究方法，目前仅限于理论摸索阶段。因此，对于企业社会责任领域的研究无论从国际理论发展趋势，还是从国内外实践发展需要的角度来看，都有必要对以下问题进行深入探讨。

---

① 郑海东．企业社会责任行为表现：测量维度、影响因素及对企业绩效的影响［D］．浙江大学博士论文，2007.

一、企业社会责任行为的表现

对于企业社会责任行为，不同行业、不同性质、不同规模的企业都会有不同表现，甚至是同一个企业在发展的不同阶段，企业社会责任行为的表现也会出现很大差异。现有研究文献往往将企业社会责任作为一个笼统的指标来进行衡量，很不具体而且缺乏具有统计意义的证据，或者根据利益相关者理论，将企业社会责任指标分解为企业对于不同利益相关者的责任。然而，不同类型的利益相关者对于不同企业的重要性不同，因而得出的结论缺乏普适性。因此，我们需要从企业发展的一般规律，探索企业在不同发展阶段社会责任行为的不同表现。探究企业社会责任行为变化规律，首先要弄清楚"是怎样"的问题，才能决定"怎么办"。不然，研究提出的措施和对策就缺乏针对性，显得空乏和盲目。另外，对于企业社会责任行为的衡量，虽然现有文献研究成果有一定的进展，企业社会绩效评价的机构和数据库为企业社会责任测量提供了较为丰富的参考内容，不过目前从我国实际发展情况看，测评机构缺乏社会认可度和权威性，不同测评机构之间由于评价体系缺乏系统的理论基础，口径难以做到一致，评价主体和评价信息不匹配，而且部分评价指标外部效度较低，因此理论工作者对此领域的实证研究难度很大，而且难以取得有说服力的一致结论。

二、企业社会责任行为的影响因素

实践中，企业社会责任行为表现如何通常与多种因素相关。从目前文献成果来看，国内外学者在这方面的研究还是比较缺乏。虽然一部分学者从不同层面进行了研究，也有从不同作用和性质进行研究的，但是对于如何以系统的角度来识别企业社会责任行为的影响因素还没有进行深入的探讨。譬如说，企业社会责任行为的影响因素具体有哪些？这些因素之间的相互关系怎样？这些因素对企业社会责任行为作用的机理是什么？这些因素对企业社会责任行为作用的效应如何等。只有通过对这些问题进行深入探讨，才能更清晰地认识和理解企业行为背后的原因，从而提出更加切实可行的建设性意见和建议，促进企业更加主动和积极地承担和履行企业社会责任。

三、企业社会责任对企业财务绩效的影响

企业积极践行社会责任活动的原因，除了法律法规的强制性要求和伦理道德层面的追求外，更重要的还有经济方面的驱动因素——企业绩效的提升。也就是说，企业作为市场经济条件下独立的市场主体和利益主体，在履行社会责任、满足社会期望的过程中，必须考虑自身利益的要求。其关键问题是：企业承担社会责任对企业财务绩效会产生影响吗？如果有影响，两者之间作用的机理是什么？是正面的影响还是负面的影响？影响的强度和效度如何等。必须从理论上厘清这些问题，才能对企业积极承担社会责任提供更加有说服力的依据。然而遗憾的是，现有文献关于 CSR-CFP（企业社会责任—企业财务绩效）关系方面的研究国内外学者至今没有得出一致结论，这表明企业社会责任与企业财务绩效之间的关系是非常复杂的。为此，部分学者将研究视角转向对企业财务绩效具有重要影响的因素——企业竞争优势方面。部分学者甚至认为，以往的研究正是因为忽略了企业竞争优势这一重要的中间变量，才使得企业社会责任与企业财务绩效关系的实证研究结论变得扑朔迷离。由此，一些研究开始极力探求企业社会责任与企业竞争优势关系之间的主要干预变量①。因此，企业社会责任与企业财务绩效关系的探讨，随着学者们对于其中间变量以及控制变量探讨的不断丰富与发展，还将会在很长一段时间之内成为研究的热门课题。

---

① 吴定玉．企业社会责任行为与企业竞争优势：转化效应与逻辑——来自中国100强社会责任上市公司经验证据的分析［J］．商业研究，2018（1）：122-132.

第三节 研究目标和研究意义

本书基于企业社会责任对企业竞争优势的影响，着重探究企业社会责任与企业竞争优势之间的耦合关系，以及企业社会责任向企业竞争优势转化的机理，并以我国企业为研究样本实证研究企业社会责任向企业竞争优势转化的效应，最终探寻企业社会责任如何有效地与企业战略相融合，提出两者融合的逻辑框架与实施路径，为企业如何真正与社会“和谐共赢”提供理论与政策建议是本书的使命所在。

一、研究目标

①基于国内外学者对于 CSR 不会自动转化为竞争优势的共识，本书拟探究 CSR 向企业竞争优势转化的耦合进路，从根源上追溯 CSR 与企业竞争优势两者之间关联的理论支撑，为学界与业界更好地研究与履行 CSR 奠定坚实的理论基础；②针对目前对于 CSR 向企业竞争优势转化机理研究缺乏系统性，本书拟从竞争优势的多维度构成出发，系统构建一个完整的 CSR 向企业竞争优势转化的机理模型；③对 CSR 向竞争优势转化的影响因素进行系统分析；④针对学者们对 CSR 对企业竞争优势影响实证研究结果的不一致，本书拟从不同 CSR 行为类型对企业竞争优势的转化产生深远影响给出解释。

通过以上研究成果，一是对于 CSR 理论和企业竞争优势理论的进一步深化和扩展提供桥梁作用；二是帮助企业战略性地进行 CSR 活动提供有力的理论依据和科学的现实指导，为实现我国企业与社会“和谐发展”做出积极的贡献。

二、研究意义

企业承担社会责任已经成为不可逆转的趋势，这不仅是企业发展的需要，也是社会经济持续发展的要求。在全球权威杂志例如《财富》和《福布斯》对于企业的排名体系中，都将“社会责任”标准作为全球企业排名时的八项标准之一。随着SA8000标准实施和ISO26000中有关社会责任方面标准的颁布，进一步表明，企业实施社会责任已经成为经济全球化背景下企业发展的必然趋势，它既是企业应对国际竞争、融入国际市场的需要，也是提高企业竞争力的需要。不过，现阶段关于CSR-CCA（企业社会责任—企业竞争优势）关系的研究其理论分析是比较零散和不系统的，仅仅从某一视角或通过案例说明企业社会责任对竞争优势可能有提升作用，而两者之间的耦合通路是什么、深层次的作用机理是什么、作用方式又是怎样的仍然不明。现实中，我国企业目前正处于阶段性转型升级的特殊时期，一方面市场规则尚不完善，部分企业经营者过分追求经济效益，社会责任意识淡薄，屡屡发生自然环境恶化、信任危机以及损害员工和消费者利益的事件；但现实挑战是，随着全球化的深入，我国企业要与国际企业全面接轨，融入到经济全球化发展体系中，随着我国企业融入程度的深入和发展，对企业社会责任的要求必然要有很大程度的提升。

本书在前人已有研究发现的基础上，肯定了企业社会责任活动对企业竞争优势有正面作用和影响的结论。本书对企业的实践启示有：①坚定了企业社会责任活动从长远来看,有助于创建企业竞争优势的观点，这样有助于企业股东和企业经营者强化社会责任意识，更积极地主动履行企业社会责任。②揭示了企业社会责任活动与企业竞争优势之间的耦合进路，通过企业社会责任向企业竞争优势转化的机理研究，帮助企业深入了解企业经营活动与社会利益之间的“融合点”，引导企业如何构建新的竞争优势。③本书实证检验了不同企业社会责任行为向企业竞争优势转化的不同效应，深化了企业社会责任对企业竞争优势影响的认识，这为企业战略性地承担社会责任，推动建设和谐社会具有重要的参考价值。

另外，就企业社会责任履行的环境来看，会受诸多因素的影响。同理，企业社会责任活动也不会自动转化为企业竞争优势。本书通过对 CSR 向 CCA 转化的条件与影响因素的探讨，能够为企业社会责任履行软环境要素的制定提供重要的启示：①发挥政府的引导和监管作用,建立健全相应的法律法规，完善责任市场的建立，建立公平的竞争环境，从制度体系上确保企业积极主动承担社会责任，创造有利于企业履行社会责任的竞争环境和法律制度氛围。②加强行业和社会监督管理的作用，在信息高效传播机制下，社会规范机制对企业社会责任活动有显著的促进和约束，并且部分学者实证研究表明企业社会责任信息披露与企业财务绩效还存在相互促进关系，而且媒体关注度在其中发挥中介作用。因此，要大力加强企业社会责任信息披露体系，推进行业和社会各团体及媒体的监督作用，可以营造企业自觉履行社会责任的大环境。

第四节 研究方法及思路

本书基于企业社会责任问题的复杂性和动态性，根据研究需要，主要采用了文献研究、企业调研和实证研究相结合的方法。

文献研究：企业社会责任与企业竞争优势相关理论和文献自 20 世纪 80 年代以来，呈现出多种理论竞相发展、交相辉映的现象，尤其是近 20 年以来，心理学、社会学、经济学和管理学等学科相互交叉，大大推动了这一研究领域的发展。文献研究法有助于从众多的甚至矛盾的文献中，提炼企业社会责任和企业竞争优势相关研究问题的发展脉络。笔者通过近五年的时间，搜集和追踪相关文献，整理和总结国内外有关企业社会责任领域的重要期刊及著作，如 *Journal of Business Ethics*、*Academy of Management Review*、*Strategic Management Journal*、《中国工业经济》《管理世界》《经济研究》《中国软科学》等，形成对企业社会责任和企业竞争优势内涵的基本理论判断，识别出有利于解释企业社会责任活动与企业竞争优势关系的理论视角，构建本书的基本理论框架。

企业调研：为了进一步完善研究的基本框架和指标选择，笔者和研究团队于 2014 年 10 月至 2016 年 9 月对 30 家企业进行了实地调查。通过进一步深入了解各企业对企业社会责任内涵的理解、企业履行社会责任的动机、影响履行的因素以及企业社会责任承担的方式和内容对企业具体的影响，本书修正研究报告的框架和调整部分观点。

实证研究：通过对比各种现有有关企业社会责任方面的数据库，根据本书的内容和特点，最终选定主要以中国社会科学院经济学部社会责任研究中心自 2008 年以来每年出版的《中国企业社会责任研究报告》2009~2015 年中样本，数据来自 CSMAR 数据库和 CCER 数据库，主要基于以下两点考虑：①研究报告对国有企业100 强、民营企业 100 强、外资企业 100 强的社会责任管理现状进行了比较全面的披露，有利于体现实证研究样本的全面性，使研究不至于因样本的单调性而造成结论有失偏颇。②研究报告中 CSR 发展指数分类情况与研究的 CSR 行为不同类型状况非常贴近和相符，可以作为相应的代理指标，弥补衡量企业社会责任行为指标无法获取的缺憾，更减少了运用问卷调查方式获取相关数据的主观性。

因此，本书在文献研究的基础上，确定了研究框架，并借鉴已有文献来辨析变量之间的相互关系，并通过企业实地调研的方式对相关衡量指标进行调整，采用实证研究方法对中国情景的企业效应进行检验。实证研究中，首先对企业的自变量与因变量进行相关性分析，然后构建混合面板数据模型，利用OLS 方法对模型进行回归分析。总之，本书通过多种研究方法多角度地对问题进行分析，确保研究结论的科学性。本书基本思路具体见图 1-1 所示。

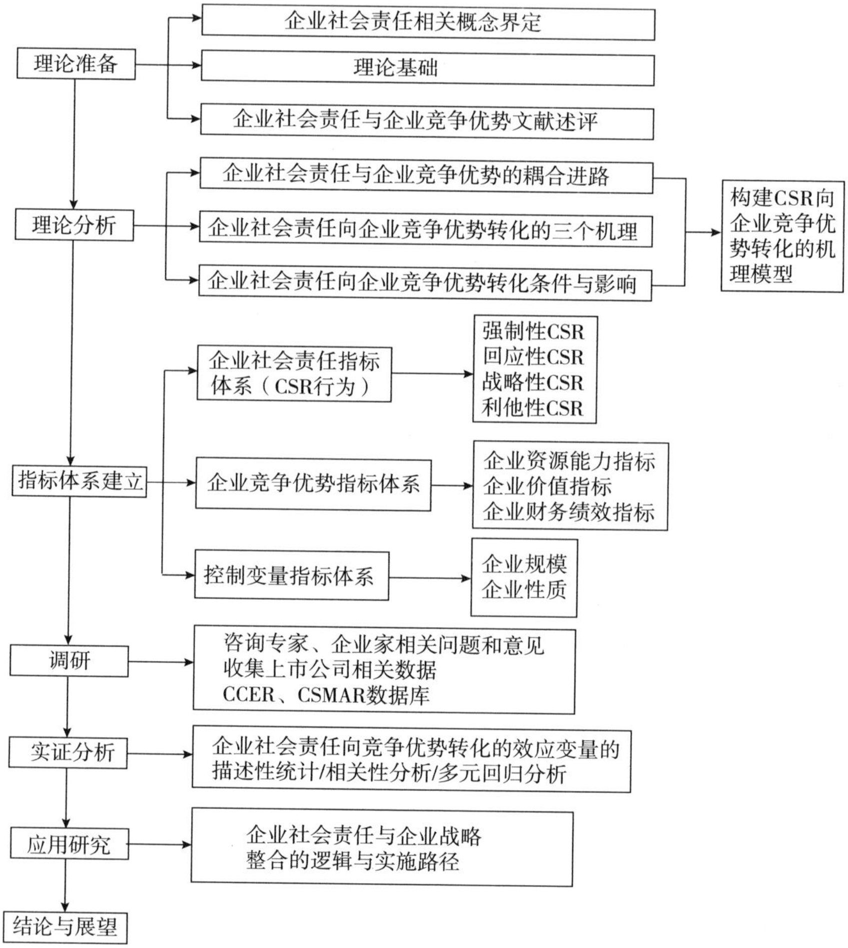

图 1-1　研究的基本思路

第五节 研究的主要内容

一、企业社会责任与竞争优势关系研究的耦合进路

研究企业社会责任活动与竞争优势之间的耦合进路就是从根源上探讨企业社会责任与企业竞争优势之间两者关联的理论支撑是什么，前后者之间耦合的共同通路是什么。本书从竞争优势构成的源头出发，根据其构成的多层次与多维度特点，构建企业社会责任与竞争优势耦合的三个理论通路：资源与能力基础论、企业价值论、企业绩效论。这三种理论实际上凸显了企业竞争优势的来源、价值表征和绩效结果三个层面，形成了企业竞争优势构成的一个完整的框架。其中，能力优势是基础，价值优势是表现，绩效优势是结果；企业社会责任活动对于企业的影响也主要是通过影响企业的资源与能力、企业的价值以及企业的绩效三个方面表现出来。

二、企业社会责任向企业竞争优势转化的机理

根据企业社会责任与企业竞争优势的耦合进路，本书分别从企业资源与能力、企业价值与企业绩效三个层面来探讨企业社会责任向企业竞争优势转化的机理，并构建企业社会责任向企业竞争优势转化的机理模型。从理论上厘清企业社会责任与企业竞争优势之间的关系，并清晰展示企业竞争优势三个层面之间的演化逻辑关系。

三、企业社会责任向竞争优势转化的条件和影响因素

企业社会责任不会自动转化为企业的竞争优势，这是一个客观的事实。因此，很有必要研究企业社会责任向企业竞争优势转化的过程中，究竟有哪些转化条件和因素影响其转化的效应？本书先从大的视角分析影响企业社会责任履行的因素（两者之间有共同的内容），再系统地从企业外部和内部两个方面详细探讨其影响因素与机制。

四、企业社会责任向竞争优势转化效应的实证研究

以我国企业社会责任前100强上市公司为样本，首先整体上对企业社会责任向企业竞争优势转化的效应进行实证研究，并进一步深入分析企业社会责任对企业竞争优势不同层次的影响。接着，从企业社会责任行为的视角，基于企业对社会责任的态度和行为特点将企业社会责任指标分为四种不同的行为，实证分析不同企业社会责任行为类型向企业竞争优势不同层次的转化效应，检验企业对于社会责任的不同态度和动机从而产生不同企业社会责任行为对企业竞争优势影响的效度和强度。

五、企业社会责任与企业战略整合的逻辑与实施路径

根据实证研究的结果，战略性企业社会责任行为对企业竞争优势转化的效应最显著，目前企业社会责任成为企业战略重要组成部分也已经形成一种趋势。因此，企业需要将社会责任活动整合到战略中去。首先，从理论上厘清战略性企业社会责任的内涵、特征和评价方法；其次，进一步分析企业社会责任与企业战略整合的步骤与逻辑；最后，基于企业社会责任发展的不同阶段，从企业业务运营的角度，探讨企业社会责任如何对企业现有业务进行整合，即分析实践中企业社会责任活动与企业运营业务整合

的主要途径与方法。

第六节
研究创新

本书的研究创新主要包括如下三个方面。

第一，在关于企业社会责任对企业竞争优势影响的研究中，学者们往往从理论上忽视了一个基本的理论前提：企业社会责任活动与企业竞争优势是如何交融的？两者之间的契合点究竟是什么？而且，以往文献对于“企业竞争优势”的理解大都过于笼统，对于企业社会责任向企业竞争优势转化机理的研究往往缺乏系统性。因此，本书基于企业竞争优势构成来源的多层次与多维度特征，首先从理论根源上追溯企业社会责任与企业竞争优势两者之间关联的契合点，廓清企业社会责任与企业竞争优势耦合的三种通路，解析企业社会责任活动与企业竞争优势关系的“黑匣子”，系统构建企业社会责任向企业竞争优势转化的机理模型，对于深刻认识和理解企业社会责任（行为）与企业竞争优势（结果）之间的逻辑演绎关系开辟一种新的思路。

第二，一直以来，尽管很多学者都试图探寻企业社会责任（CSR）与企业财务绩效（CFP）之间的关系，但通过实证研究方法得出两者之间或正相关或负相关或者不相关的结论。本书引入企业社会责任行为理论，并基于企业对于社会责任的态度与行为分为强制性 CSR、回应性 CSR、战略性 CSR 和利他性 CSR，通过实证检验战略性 CSR 对于企业竞争优势转化的效应最显著。因此，进一步验证企业只有将社会责任与企业战略结合起来才能显著影响企业竞争优势，为“不是所有的企业社会责任活动都能够为企业带来财务绩效与竞争优势”的说法提供具有说服力的解释，也为破解CSR-CFP关系“谜团”提出新的视角。

第三，对于如何战略性进行企业社会责任活动，目前大多数文献主要集中在战略性企业社会责任活动的评价以及从理论上进行一般的实施步骤描述。本书从企业业务运营的角度，根据企业社会责任发展不同阶段，具体探讨企业社会责任如何对企业现有业务进行整合，即提出企业社会责任活动与企业运营业务整合的主要途径与方法，为目前企业战略性社会责任实践活动提供可行性操作指南。

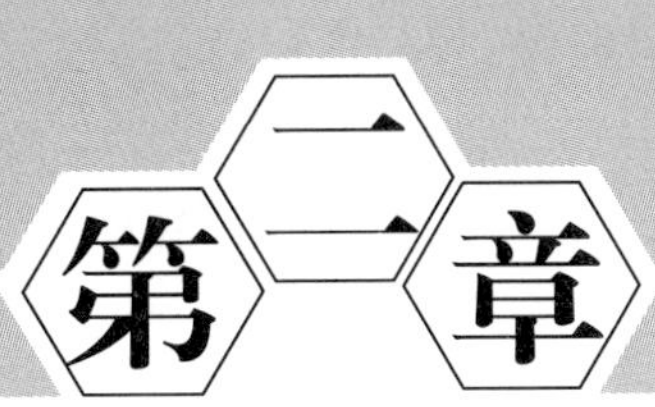

第二章 概念界定与理论基础

第一节
企业社会责任相关概念界定及其内涵

学术界在企业社会责任研究过程中，提出了一些非常相近的概念，而且还经常出现混用的情况，如企业社会责任（Corporate Social Responsibility，CSR_1）、企业社会响应（Corporate Social Responsiveness，CSR_2）、企业社会绩效（Corporate Social Performance，CSP）、企业公民（Corporate Citizenship，CC）、企业伦理（Business Ethics）、企业社会责任行为（Corporate Social Responsibility Behavior）等，这些概念实际上是在不同历史时期，研究者和组织关注的焦点不同而对企业社会责任赋予的不同说法而已。

1953 年"企业社会责任之父"鲍恩出版的《商人的社会责任》，标志着现代文献对企业社会责任研究领域的开启。鲍恩将社会责任定义为"商人的义务与责任，即商人具有按照社会的目标和价值观去确定政策、做出决策和采取行动的义务"。戴维斯（1960）是继鲍恩之后在 20 世纪 60 年代这一研究领域最卓越的学者之一，他认为商人的社会责任必须与他们的社会权利相称，即著名的"责任铁律"（Iron Law of Responsibility），而且社会责任活动很有可能为企业带来长期经济回报。这一前瞻性见解在 20 世纪 70 年代后期和 20 世纪 80 年代被广泛接受。Morrel Heald（1970）的开创性著作《企业社会责任：公司与社区，1900~1960》迎来了 20 世纪 70 年代的研究，经济发展委员会（CED，1971）提出了社会责任三个同心圆概念。70 年代，出现了企业社会响应和企业社会绩效等概念。Prakash

Sethi（1975）区分了企业社会绩效与企业社会责任的概念，他认为企业社会绩效有多个维度，在此过程中企业行为可能是“社会义务”“社会责任”和“社会响应”。“社会义务”是企业响应市场力量或法律约束的企业行为，仅仅是经济或法律层面的标准；“社会责任”超越社会义务，它指企业的行为与社会规范、社会价值和期望相一致。“社会响应”如后来Frederick（1994）在其著名的论文《从CSR1到CSR2：企业与社会思想的成熟》所述，是企业社会责任概念发展的第二阶段，是“企业回应社会压力的能力”。“响应社会需求远不只是决定做什么。当人们已经决定了做什么，后面还有怎样去做的问题，还有管理上的任务”（Ackerman，1976）。因此，企业社会响应注重的是企业履行社会责任的具体行为，如果说企业社会责任主要回答“为什么、是否要做、为了谁的利益、根据哪些道德准则”等问题，而企业社会责任响应则重点回答“如何做、什么方法、产生什么效应、根据什么操作指南”等问题，这是企业社会责任从理念到行为导向的转变。与此同时，Preston和Post（1975）提出了“公共责任”的概念，强调企业与社会是相互渗透的系统，企业应该承担社会责任，因为它存活于共同的环境中。随后，企业社会责任理论框架的第一位集大成者卡罗尔（1979）首次提出了企业社会绩效框架（CSP）构念，把过去企业社会责任相关概念及其关系进行了整合。他认为企业社会绩效分为微观和宏观层面，微观指企业与环境层面，宏观是企业的社会参与，它包括企业社会责任四层次模型、企业社会响应、社会议题三个维度。

20世纪80年代，企业社会响应、企业社会绩效、企业伦理和利益相关者等衍生概念得到进一步发展。Steven Wartick和Philip Cochran（1985）提出了“企业社会绩效演变模型”，对卡罗尔的社会绩效模型进行了重塑，将其归为企业社会责任、企业社会响应和社会议题三个方面，分别视为原则、过程与政策。重点将社会议题领域细分为公共议题管理、战略议题管

理和社会议题管理三个部分，并明确议题管理从议题确定到议题分析再到回应发展三个过程，有利于推动企业系统地与环境进行沟通与互动。在20世纪80年代与企业社会责任相关的两个非常重要的衍生概念是“利益相关者理论”和“企业伦理”。“利益相关者”一词最初出现在1963年斯坦福研究所内部备忘录里，1984年，利益相关者理论最早是作为管理理论提出，弗里曼认为其“提供了战略管理新的思维方式”。“企业伦理”也翻译成“商业伦理”或“商业道德”，它表示企业行为中什么是好与坏，什么是对与错，什么是正义和非正义，是一般伦理观念在企业行为中的运用，强调企业行为要符合一定的社会伦理规范。企业伦理与企业社会责任沟通的桥梁是社会期望，主流的社会伦理规范代表了社会期望。企业伦理与企业社会责任也有一定的差别。首先，企业伦理暗含自觉、自律的含义，具有一定的自愿性；但企业承担社会责任可能是自愿的，也可能是非自愿的。其次，企业伦理行为的主体可以是企业，也可以是员工；但企业社会责任主体一般是企业，即使行动具体实施是由个体完成的，代表的也是整个企业的行为。再次，当伦理行为的对象是企业自身时，这类行为通常不被视为社会责任行为；只有伦理行为的对象不是企业自身时，通常才被视为社会责任行为。例如员工内部偷窃是典型的违背企业伦理的行为，但通常不被看作违背企业社会责任的行为。不过在大多数情况下，符合企业伦理的行为，也是对社会负责任的行为。

20世纪90年代，企业社会责任其他相关互补性的概念得到了持续的发展，尤其是“企业公民”成为与企业社会责任更密切的概念。“企业公民”这一术语是20世纪80年代主要通过实业界引入到企业与社会关系中的，但是，将企业看作公民的想法早已在企业社会责任领域出现，“社会责任开始于法律终结的地方，这是一个好公民应该要做的，如果一个企业的行为仅仅符合法律的最低要求，那是没有承担社会责任的”（Davis，

1973)。“企业公民”是在企业社会责任研究框架中引入了政治学中的“公民权”概念，认为企业公民是企业在管理公民权方面起到一定的社会作用。有些情况下，政府难以独自承担能够保障公民权的全部责任，而企业可以在一定程度上代替政府来管理公民权。不过，企业当然只能部分接管政府的责任，不能完全取代政府成为公民权的唯一管理者。企业公民与企业社会责任概念的主要区别体现在：①企业公民概念进一步强化了企业的社会责任，因为把企业看成是政府的部分替代，这就意味着企业社会责任行为从一种社会期望转变为义不容辞法定义务，责任强度提高了；②企业公民概念在强调利益相关者关系时不再将公司置于中心地位，通过众多的箭头指向各个利益相关者，而是将社区放在中心，企业只是整个社会生态环境的成员之一，与其他利益相关者相互依存，共同承担社会责任。

进入21世纪，学者们首先试图在理论上将企业社会责任相关的各种衍生概念整合起来，因为研究者知识背景的多元化导致企业社会责任领域相互割裂严重，“存在着各种平行的，有时甚至是相互冲突的领域”，因此，需要整合多学科视角和方法，构建一体化的核心范式或理论框架。Bryan Husted（2000）提出了企业社会绩效权变理论，认为企业社会绩效是社会问题与企业战略和组织结构的功能匹配，这种匹配能够引导譬如企业社会响应、企业管理问题和利益相关者管理等要素的整合。Schwartz 和 Carroll（2008）从这些衍生概念中提炼出价值、平衡、担责三个核心元素构建VBA模型，将企业在社会中的角色表述为：在商业环境所有组织和个人均承担成为良好公民（企业公民）的责任（企业社会责任），应当为可持续的（可持续发展）社会价值做贡献，通过适当方式，平衡利益相关者的利益（利益相关者管理）和各种道德标准（企业伦理），同时表现足够的责任担当（担责），从而整合了企业社会责任、企业伦理、利益相关者管理、可持续发展和企业公民五个概念。另外，新世纪对企业社会责任的研究也

从理论探讨转入实证研究。然而，许多实证结果表明企业为履行社会责任付出了大量努力却没有取得应有的效果。Porter 等（2010）认为，其原因在于人们将企业与社会相对立，未从战略的角度来考虑社会责任，由此提出“战略性企业社会责任”理念，强调企业要了解自身与社会之间的契合点，将企业社会责任根植于对企业与社会相互关系的理解中，这不仅意味着企业要成为良好公民以及减少消极影响，而且意味着各种创新和实现共享价值的机会，使企业成功与社会进步相辅相成。因此，他们甚至提出以“企业社会整合”概念来取代“企业社会责任”。

企业社会责任、企业社会响应、企业社会绩效、企业公民、企业伦理这些概念本质上是一致性的，探讨的根本问题是企业在社会中的角色和功能、企业与社会的关系、企业作为一个市场主体和法律主体对社会的影响，都主张企业与社会中的其他主体能够和谐相处，但各个概念的侧重点有所不同。企业社会责任（广义）是最原始、最一般的概念，最能体现各个概念的本质；企业社会响应强调企业对社会压力做出反应的策略或能力；企业社会绩效侧重于对企业社会责任表现的评价；企业公民不再把企业作为中心，而是把社区作为中心，强调企业对政府的部分替代及责任的不可推卸性；企业伦理则更强调企业对自身行为的自律而非社会的他律。不容忽视的是，在上述概念出现的同时，“企业社会责任行为”的概念也经常出现在相关的文献中，学者们似乎没有对它进行特别界定，但也引起了关注。例如：Wood（1991）在批判 Wartick 社会绩效框架时认为它缺乏行动与结果之间的互动，所以，他将企业社会绩效模型发展为社会责任原则、社会响应过程和企业行为结果三个维度，原则往往看不见，过程只能靠推理，企业行为是对动机进行判断、过程进行评估的基础，因此，探究企业社会责任行为可以剖析企业社会责任动机（原则）—过程—结果之间的相互关系。企业社会责任行为的研究有它自己的侧重点。首先，企业社会责任行为强调行为是否已经发生，但概念本身并不包括这些行为产生的结果。其次，企业社会责任行为立足于企业来观察和研究社会责任问题，而不是从社会或者政府视角。再次，对企业社会责任行为的测量基于企业内部（关键知情人）信息，而非企业外部。最后，企业社会责任行为明确以利益相关者理论为理论基础。

通过梳理历史文献我们可以发现，企业社会责任研究随着社会的发展而不断变化，在不同历史时期，由于政治、经济、法律、社会环境的不同，不同时期的学者对企业社会责任有着不同的理解与认识。

第二节 理论基础

一、企业社会责任理论

回顾文献可知，不仅企业社会责任的概念随着时间不断发展，企业社会责任研究的理论也在不断演进，构筑了企业社会责任研究的理论基石。

从内涵上来说，狭义的企业社会责任强调企业的义务和责任，是哲学思辨层面的含义；广义的企业社会责任不仅强调义务与责任，还强调企业的社会责任行为与活动、产出与结果，是哲学原则、行为过程和社会结果的统一体。广义内涵几乎涵盖了整个企业社会责任研究领域，是企业社会责任问题的泛化，容纳了各种对企业社会责任的一般性认识。从外延上来说，人们通常从分类学的角度来界定企业社会责任。影响最大的两种定义框架分别是 Carroll（1979）的四责任概念框架和利益相关者框架。前者根

据责任属性对企业社会责任进行划分，后者根据责任对象对企业社会责任进行划分。Carroll 的四责任概念框架认为企业的社会责任包括经济责任、法律责任、伦理责任和自愿责任。基于这一框架，狭义的企业社会责任外延有多种理解：可以仅指慈善责任，也可以是慈善责任和伦理责任之和。但最典型的一种狭义理解是指慈善责任、伦理责任与法律责任之和，即经济责任之外的所有责任。这种理解与最早期对企业社会责任概念界定是一致的。广义的企业社会责任外延就是四种责任之和。换言之，Carroll 的观点代表了一种广义外延的企业社会责任概念。从外延上来界定企业社会责任的另一种典型框架是利益相关者框架。根据该框架，狭义的企业社会责任是指对股东以外的利益相关者承担的责任；广义的企业社会责任是指对所有界定清晰的利益相关者（包括股东）所承担的责任。本书中的企业社会责任概念是广义概念。在内涵上，它是一个包括哲学原则、行为过程和社会结果的统一整体。在外延上，认为企业社会责任应当是经济责任、法律责任、伦理责任和慈善责任的内容之和，是对所有界定清晰的利益相关者承担的责任，不应把经济责任或对股东的责任排除在外。这实际上与 Brummer（1991）的"企业责任"概念比较接近，与周祖城所主张的"综合社会责任说"也是一致的，旨在强调企业在整个社会中的角色和功能。

关于企业社会责任理论的研究，最突出的研究成果有三项。第一项来自于 Klonoski（1991），他区分了三种理论：第一种称为"基要主义"，认为企业唯一的社会责任就是在守法的情况下增加利润；第二种是捍卫企业道德人格的理论，认为企业应该为自己的行为负有道德责任；第三种理论源于政治与伦理，认为企业与社会是息息相关的。第二项来自 Windsor（2006），他认为企业社会责任有三个重要的理论：一是伦理责任论，提出企业有强烈的自我约束和利他责任，以及扩大公共利益来加强利益相关者的权利；二是经济责任论，认为市场财富的创造减少了公共利益或是通常商业伦理降低了。三是企业公民论。第三项来自 Garriga 和 Melé（2004），他们考虑到在现实中研究者关注的重点不同，将企业社会责任理论归纳为经济、政治、社会整合和伦理四个方面。经济论专注于经济，仅仅将企业看作是创造财富的工具；政治论关注企业的社会权利，以及与其相关的在政治舞台上的责任；社会整合理论认为企业应该结合社会的需求来发展；伦理理论认为企业与社会的关系中应该嵌入伦理价值。结合几项研究的不同观点，归纳当前企业社会责任主流的研究理论有四个：企业社会绩效理论，“股东价值理论”或“信托资本主义”，利益相关者理论和企业公民理论。

（一）企业社会绩效理论

企业社会绩效有广义和狭义两种。狭义指企业在承担社会责任方面表现如何，侧重点在于企业社会责任的外部评价；广义则是“企业与社会”研究的一个新框架。企业社会绩效理论认为，企业除了创造财富，还对社会问题负有责任，不仅包括经济和法律责任，还包括伦理和慈善责任。换言之，提高企业社会绩效意味着改变企业行为使之减少对社会和大众的伤害，增加福利。Carroll（1979）首次提出企业社会绩效概念，Steven Wartick 和 Philip Cochran（1985）在 Carroll 的基础上进一步完善了企业社会绩效框架，他特别指出，Carroll 的模型没有抓住学者们探究的分析、讨论与修正过程，认为企业社会参与依赖于社会责任的原则，社会响应过程，以及社会议题管理问题的政策，因此，应把社会责任、社会响应和社会议题管理等维度，通过原则、过程和政策三个视角整合在统一的理论框架中。随后，Wood（1991）认为 Wartick 和 Cochran 尽管对企业社会问题的思考有所推进，但是他们提出的 CSP 框架缺乏行动与结果之间的互动，社会反应只是单一的而没有系列过程，而且政策不能全部反映企业社会绩效水平。基于此，Wood 提出了在企业社会绩效理论中最具代表性的模型，它“由社会责任原则、社会响应过程以及可观测到的结果（包括公司政

策、规划和其他可观测到的结果）三者构成，最大贡献在于为研究“企业与社会”提供了一个新框架。不过，这个理论仅仅强调了企业通过关注公共责任来进行社会控制，没有整合经济与责任均衡的观点。后来，虽然学者如 Swanson（1995，1999）试图来解决这个问题取得了一些进展，在这个模型中增加“社会期望”使得企业社会责任的实施者，实施流程和内容更加具体化，但离企业社会绩效整合理论还差很远。Schwartz 和 Carroll（2003）基于三个核心领域（经济、法律和伦理责任）和维恩模型提出了一个更加复杂的方法，从三个核心领域中产生了七个 CSR。企业社会绩效理论对研究企业社会责任这一领域的贡献在于：不仅把企业社会责任理解为一种伦理原则，也不仅理解为一种策略性过程，它还包括了企业社会责任行为导致的结果，即“原则—过程—结果”三位一体拓展了对企业社会责任的理解，是一种企业社会责任广义内涵。

（二）股东价值理论

“股东价值论”或“信托资本主义”认为企业的社会责任仅仅是创造利润，它的最高目标是为企业股东增加经济价值。诺贝尔经济学奖获得者 Milton Friedman 是这个观点最重要的代表，他在《纽约时报杂志》（1970）发表文章反复强调：“企业唯一的社会责任是在国家法律框架和伦理习惯下实现股东利润最大化。”然而，著名管理大师 Peter Drucker 在他曾经提过企业社会责任（1954）时隔 30 年后重提话题，强调企业的赢利与责任是可以兼容，关键是把企业社会责任转化为企业机会。“合适的企业社会责任像在驯服一条龙，就是把社会问题转化成经济机会与经济利益，转化成生产力、人力资本、高薪工作和财富”（Drucker，1984）。另一个诺贝尔经济学奖获得者 Paul Samuelson（1971）也提出了相似的观点，认为“现代大公司不仅要进行社会责任活动，还要尝试做得更好”。随后，人们坚信社会贡献是有利可图的，在一定的条件下满足社会利益有利于股东价值最大化，尤其是考虑到公司股权人（利益相关者）利益时，许多大公司都关注企业社会责任，Jensen（2000）甚至提出了所谓的“进步的价值最大化”概念，意指企业以长期价值最大化或价值追求为目标时，容许企业与相关支持者进行交易。不过，也很难肯定企业社会责任的所有做法都是有利可图的。Burke 和 Logsdon（1996）提出了“战略性企业社会责任”（SCSR）的概念，认为 CSR 活动要具体落实到企业政策、项目及流程，使其能够产生可持续商业利益，尤其要支持企业的核心业务，促进企业有效完成使命。从这个角度看，企业需要根据相关因素通过成本—效益分析确定一个“理想”的水平（McWilliams and Siegel，2001），这倒与 Friedman（1970）的观点相符了，即要精确计算出在每种情况下什么是股东价值最大化的社会产出最佳水平。

（三）利益相关者理论

利益相关者理论不同于股东价值理论，它要考虑到与企业利益息息相关的个人或团体。该理论以委托代理理论、契约理论、伦理理论等理论为基础，从不同的侧面论述了企业为何承担社会责任。不过，这是一个规范性理论，需要管理层从道德责任上将公司作为一个整体来保护，保护所有利益相关者的合法权益。因此，“管理者，尤其是高层管理者，要让公司健康发展，这就涉及多方相互冲突的利益相关者的平衡”（Evan and Freeman，1988）。企业承担社会责任，满足各利益相关者的需求，是因为满足各利益相关者的需求关系到企业的生存、竞争优势以及在目标顾客中建立起信任与忠诚。Mangnan 和 Farell 认为，按照利益相关者理论，企业的存续和成功有赖于企业积极回应各利益相关者的要求。只有这样，企业才能实现其经济目标（利润最大化）和非经济目标（企业社会责任表现）。另外，Freeman 和 Velamuri（2006）坚持认为：企业社会责任的主要目标是为利益相关者创造价值，建议用“企业利益相关者责任”代替企业社会责任，这不只是作为一个语义变化，而是对于企业社会责任含义的一种不同

解释。利益相关者理论不同于企业社会责任概念模糊，阐明了企业应该对影响企业活动的具体人群承担的具体责任（Blair，1995；Clarkson，1995），比如消费者、供应商、所有者、员工和社区等。这一理论指出，这不是单纯的伦理理论，而是关乎企业成功的管理理论，与管理决策紧密相连。当然，有人批评这一理论是一种综合道德教义的社会主义理论，还有人认为这一理论不能为企业提供具体的目标函数（Jensen，2000；Sundaram and Inkpen，2004），甚至被指责为管理机会主义，认为“企业对所有人负责，实际上是对谁都不负责”（Sternberg，2000）。

（四）企业公民理论

企业公民思想被称为“21世纪公司社会责任的主流思想”（沈洪涛，2006）。20世纪80年代末期，Epstein（1989）解释“好的（企业）公民从企业多年来通过货币或非货币形式援助社区的社会责任行为中反映出来”。20世纪90年代，“企业公民”概念日益流行，对企业与社会关系方面产生了重要的影响，如全球化、国家福利危机、大型跨国公司的权利等。2002年在纽约的世界经济论坛上（全球企业公民：CEO和董事的领导力挑战），来自全球最大34个跨国公司的CEO签署了文件，认为“企业公民是关于企业通过核心业务、社会投资、慈善活动，以及投身于公共政策为社会做出贡献”。“企业公民”在实证与理论方面的学术著作出现在20世纪90年代末，经常被用来作为等同于“企业社会责任”，但有些学者认为企业公民实际上是理解企业在社会中作用的一种不同的方式，CSR认为社会责任是企业的外部事物，而企业公民则认为企业是社会的一部分（Birch，2001）。Waddock和Smith（2000）认为，公民实际上关于企业与利益相关者的关系，一个好的全球企业公民会尊重他人，一个与利益相关者建立良好关系的公民同样能够很好运作企业。不过，全球企业公民要求：第一，制定一套反映普适性的伦理标准的企业行为规范和企业政策的基本价值观；第二，在具体操作过程中，整个组织要全面意识到企业的行为准则与政策哪些适合、哪些不适合利益相关者的期望；第三，分析并尝试解决出现的问题；第四，建立系统学习流程，企业内外部之间形成良好的沟通。Matten 和 Crane 提出了“企业公民扩展理论概念”，这是一个从政治理论视角审视公民的概念，认为全球化力量改变了政府与企业在管理公民权利方面的相对力量。

这四种不同理论都能够用来解释企业在社会中的不同行为，在现实中，运用什么理论取决企业追求的是什么。例如，美国企业的社会行为可能更多表现为股东价值论模式；日本、欧洲企业更接近于利益相关者模式；有些地方的企业是企业绩效模式；越来越多的企业有可能会采用企业公民模式，尤其是那些转型的企业。实际上，每一种理论作为一种理论规范都源于不同的知识领域以及相应的前提条件。比如：企业社会绩效理论源于社会学，股东价值论是经济学，利益相关者理论根植于伦理学，企业公民理论来自于公民的政治概念。

二、利益相关者理论

自 1963 年斯坦福研究所首次提出利益相关者这一概念（“企业存在着一些利益群体，如果没得到他们的支持，企业就无法生存”）以来，关于利益相关者的定义差不多有 30 种之多。1965 年 Ansoff 在《公司战略》一书中正式使用“利益相关者”这一术语，认为企业要制定理想目标，就必须综合考虑平衡企业诸多利益相关者之间可能会相互冲突的索取权。利益相关者一般分为广义和狭义两种含义。

（1）广义概念。利益相关者理论的开创者 Freeman 著作《战略管理：一种利益相关者方法》（1984）的出版，标志着利益相关者理论正式产生。他定义的利益相关者概念是指所有能影响组织目标实现或受组织目标实现过程影响的个体或群体。并进一步明确，利益相关者群体包括股东、管理

者、员工、供应商、客户、当地社区，这是对利益相关者最经典的定义。不过，Freeman 对于利益相关者的概念过于宽泛，会使利益相关者可能扩大到包括任何人在内。Freeman 和 Clarkson 等人意识到这个缺陷后，试图对利益相关者进行量化。Clarkson（1995）根据利益相关者与企业之间联系的紧密程度，将利益相关者分为两种不同的层级：一级利益相关者（PrimaryStakeholders），指离开了他们的参与企业就不能持续生存的员工、股东、投资者、顾客、供应商、政府与社区；二级利益相关者（Secondary Stakeholders）指虽然影响企业或受企业影响，但没有商业关系，也不构成企业生存必要条件的一些社会团体。但这样的划分也没有解决定量的问题，Wijnberg（2000）批判这种方法存在两个明显的问题：两个层级的利益相关者之间边界不清晰；如果过分强调一级利益相关者的重要性，则可能出现企业管理者只重视一级利益相关者。

（2）狭义概念。Carroll（1993）给出了比较有代表性的狭义概念：利益相关者是与企业互动并且在企业里具有利益或权利的个体或群体。Mitcllell、Agle 和 Wood（1997）认为权力（Power）、合法性（Legitimacy）和紧迫性（urgency）是狭义概念的三个关键特征。权力是指企业的利益相关者拥有他们获取想要结果的能力；合法性是指利益相关者的行为被社会认可和接受、符合社会预期；紧迫性是指利益相关者要求企业立刻关注其利益的迫切程度。

对利益相关者的广义和狭义概念进行对比，Starik（1994）认为狭义的利益相关者概念仅包含现实利益相关者，而广义的概念或许还包括潜在的利益相关者。一般来说，广义的概念强调在现实生活中企业经营最终所受到影响的个体或群体，而不管这些个体或群体是否具有合法性。狭义的概念强调只包括那些具有合法权利的少数个体或群体，只抓住利益相关者的某一个关键特征。可见，广义的概念更能全面反映企业社会责任的对象，而狭义概念则突出强调了部分关键的利益相关者。

（一）基于利益相关者理论的企业社会责任研究

首次在理论研究上正式将利益相关者理论放入广义企业社会责任研究框架中的学者是匹茨堡大学的 Wood 教授。1991 年 Wood 在其著名的《再论公司社会表现》一文里指出：Freeman 的利益相关者观点可以回答企业应该为谁承担责任问题。Carroll（1991）认为借用利益相关者理论可以为企业社会责任指明方向，可以界定企业社会责任的范围。另外，Clarkson（1991，1995）进一步认为，当企业社会责任从利益相关者角度定义时，它包括两个主要概念：盈利与伦理。利益相关者理论为企业社会责任研究提供理论框架时，企业社会责任被明确界定在"企业与利益相关者之间的关系"上。Evan 和 Freeman（1993）提出"利益相关者理论虽然不能取代企业社会责任理论，但是可以看作是企业社会责任研究的一个重要条件，可以把企业承担社会责任的对象具体化"。因为企业社会责任研究中最紧要的问题之一是回答企业应该为谁承担责任。

具体来说，将利益相关者理论引入企业社会责任研究，有助于解决以下一些问题。

第一，明确了企业社会责任的对象。企业要对谁承担社会责任？在利益相关者理论引入之前，这个问题是不明确的。学者们说要对社会负责，但企业并不知道自己要负责的"社会"具体指什么。引入利益相关者理论，这一问题基本得到解决：企业应对利益相关者负责，而不是对抽象的社会负责，这是对企业社会责任理论一个重大推进。

第二，明确了企业社会责任的具体内容。利益相关者有自己的利益要求，这些利益要求构成了企业社会责任的具体内容。当然，只有合理、合法且符合伦理准则的利益要求才能构成企业社会责任的具体内容。这样，用具体的利益要求来界定企业社会责任内容，避免了以往用责任属性来界定社会责任内容的模糊性缺陷。

第三，提供了企业社会责任科学测量方法。以系统的研究框架为理论基础，明确的责任对象为测量维度，具体的责任内容为评分项目，实际的行为表现为评分依据，其既严谨了科学性，又方便了操作。

第四，搭建了企业社会责任和战略管理之间的桥梁。通过履行社会责任形成企业的竞争优势，是学界与业界的共同愿望，也是解决当前企业社会责任问题的切入点。企业通过满足利益相关者的利益要求并与之改善关系，既是履行企业社会责任，也是在构筑企业竞争优势。2006 年 Porter 和 Kramer 就曾指出，促进企业社会责任必须根植于对企业与社会关系的理解上，并将其嵌入到企业战略中去，利益相关者理论就是连接这两个方面的桥梁。

总之，利益相关者理论为企业社会责任领域的研究提供了理论依据，企业社会责任研究也为利益相关者理论提供了实证分析的途径，利益相关者理论有助于明确企业承担社会责任的范围，并使之更具体、更有针对性。

（二）企业社会责任与利益相关者关系

（1）企业社会责任与员工。大多数学者认为，员工是企业关键的利益相关者之一。企业承担社会责任会对员工产生积极影响，有利于招募并留住优秀人才，激发员工积极性、创造性，从而构筑企业的竞争优势。例如：Turban 和 Greening（1996，1997）通过对 633 个组织的实证研究表明，慈善捐赠能增加组织对应聘者的吸引力；企业社会责任承诺有利于吸引优秀人才、节约新员工招募与培训成本、减少企业资金周转。例如，Carroll 等（2004）对美国顶级商学院学生进行过一次调查，结果显示 50%的学生表示即使工资较低，也愿意到负有社会责任的公司工作，43%的学生表示将不会在一家从未展现良好形象的企业工作。2005 年 Globescan 调查公司调查表明，企业社会责任越来越成为吸引和留住人才的重要因素。

（2）企业社会责任与消费者。1995 年纽约 The Walker 组织进行的一项研究表明，当质量、价格、服务相同时，90%的消费者认为他们会购买社

会责任方面声誉最好的企业的产品与服务。因此，消费者是直接影响企业行为的关键利益相关者之一，学者们大多从消费者响应的角度出发，研究企业社会责任与消费者之间的关系。消费者响应主要从消费者购买意向、消费者对产品的态度、公司声誉评价等方面的指标进行衡量。Brown 和 Dacin（1997）认为：企业社会责任行为对消费者购买倾向有间接影响，主要通过企业产品质量感知产生作用；Sen 和 Bhattacharya（2001）则进一步证实了企业社会责任与消费者购买意向之间的关系受到消费者个人特征、消费者对企业的信任程度、消费者对企业社会责任行为支持程度的影响。Bhattacharya（2003）的研究表明具有积极社会责任形象的企业更容易获得消费者的认同感，因此认为良好的企业社会责任行为是提升顾客与员工认同的有力工具，会给企业带来潜在价值。Lois 和 Deborah（2005）则认为企业社会责任能提升产品的价值，也就是说，消费者可以通过对企业产品的选择表现出对企业社会责任行为的认可。当然，反过来，企业社会责任也会受到消费者产品购买意向、消费者对产品态度的影响。

（3）企业社会责任与其他利益相关者。Hart（1995）认为，对某些企业而言，企业承担环境责任可以产生一种重要的资源或能力，有利于企业获得持续竞争优势。Brammer 和 Pavelin（2004）就指出企业社会责任促进了企业与其利益相关者之间的良好关系，因为企业社会责任加快了企业利益相关者“识别”的过程，在这个过程中，利益相关者感受到其价值观与公司价值观的融合。

三、企业竞争优势理论

（一）企业竞争优势的内涵

企业竞争优势的概念最早出现在英国经济学家 Chamberlin（1939）《垄断竞争理论》著作中，Ansoff（1965）将其引入战略领域。Ansoff 将竞

争优势定义为“由个别产品——市场范围中的独特资产及其成长性所形成的强势竞争地位”。后来，Hofer 和 Schendel（1978）认为竞争优势是企业通过资源配置获得的相对于竞争对手而言的独特市场地位，这种独特且优越的竞争地位，表现为通过价值创造与成本来衡量的高于平均水平的市场占有率或获利能力（Porter，1985）。因为，当“企业现有或潜在的竞争对手无法实施与其相同的价值创造策略”（Barney，1991）和“企业绩效高出行业的平均水平”时（Besanko，1999），企业便拥有竞争优势。

从研究的视角看，企业竞争优势理论研究通常分为两大类：一类是竞争优势外生论，基于以 Porter 为代表的产业分析理论，认为企业竞争优势由企业外部环境和市场结构来决定；二类是竞争优势内生论，基于以 Barney 为代表的资源基础理论和企业能力理论，认为企业竞争优势来源于企业的资源与能力。

（1）企业竞争优势外生论。企业竞争优势外生论最初来自 S-C-P（市场结构—市场行为—市场效率）范式，由于市场结构和市场行为存在于企业之外，由此推论出企业绩效（竞争优势）是外生的，Michael Porter 接受了 S-C-P 范式并提出了企业竞争优势理论。企业竞争优势外生论在竞争优势研究领域做出了开创性的贡献，不过它认为企业的竞争优势只能来自外部因素，忽视了企业与企业之间资源、能力等的差异，而现实中，企业之间的差异是导致企业竞争优势差异的主要原因。因此，众多学者从实证研究的角度对企业竞争优势外生理论提出了质疑（Jacobsen，1988；Hansen and Wernerfelt，1989）于是更多人转向企业内部研究，以期获得竞争优势的根本源泉。

（2）企业竞争优势的内生论。20 世纪 80 年代，企业竞争优势内生论逐渐成为竞争优势研究领域的主流理论，由于企业外部环境的日益不稳定，使得企业难于控制外部因素，这就促使研究者从企业自身寻找竞争优势来源。竞争优势内生论认为企业内部知识、资源、能力的形成、积累和更新是企业获取和保持竞争优势的关键，打破了企业同质性假设，对竞争优势来源的研究推进了一大步。

无论是企业竞争优势外生论还是内生论，学者们已达成共识的是：企业竞争优势的本质是一种比较优势，是在与其竞争者竞争的过程中表现出来的一种相对优势。综合不同学者对竞争优势的不同解读，这种相对优势主要体现在企业的资源与能力、企业价值和企业绩效三个方面的优势。

第一，企业资源与能力优势。

2007 年 Carpenter 和 Sanders 在教科书《战略管理：动态观点》中把竞争优势直接定义为“企业以竞争对手不具备的方式创造价值的能力”。因此，持有这种观点的学者把竞争优势定义为能够创造财务绩效的资源或能力。例如，Kay（1993）指出企业独特的能力应用在产业或市场中就有可能变成企业竞争优势。早在 1973 年在 Andrews 看来，企业竞争优势就是企业在资源或能力方面所具有的优势，而资源基础论者（Barney，1991）进一步发展了 Andrews 的观点，认为具备 VRIO 特征的资源或能力就能够为企业带来竞争优势。

实际上，企业能力可以分为实质能力和动态能力，在企业复杂的动态环境下尤其强调动态能力，因此动态能力理论在 21 世纪得到大力推崇。动态能力理论本质上是一种能力演化理论，强调企业根据环境变化不断构建与重构企业能力的动态过程，突出组织适应外部环境的重要意义，强调更新与重置资源能力和更新竞争优势的重要意义。大量的研究集中在影响企业动态能力的影响因素方面，如 Teece 等（1997）提出动态能力时就指出组织与管理流程、资产地位、历史路径是决定企业能力演化的三个因素。总体上看，这些因素可以归纳为五个方面：①先前经验或初始条件。例如，Klepper 和 Simons（2000）通过实证研究发现收音机公司先前积累的经验

将会影响它们进入或退出电视机产业的可能性及创新数量。②路径依赖。例如，Eisenhardt 和 Martin（2000）指出，企业动态能力演化是一个路径依赖过程，并认为重复实践、经验编码、错误效应等学习机制会对动态能力产生重要影响。③战略行动。比如：Karim 和 Mitchell（2000）把并购看作是能力再配置的一种方式，发现并购对于强化现有资源具有深远的影响，并有利于企业向内部难以发展的领域扩张。④学习机制。Zollo 和 Winter（2002）指出深度学习与能力演化之间存在密切的联系，并且认为学习机制能塑造动态能力并驱动其演化；同样地，Helfat 和 Raubitschek（2000）提出了一个共同演化模型，认为企业应该通过不断推出新产品、不断积累由学习带来的知识与能力来推动竞争优势演化。⑤管理者认知。如今，管理者认知作为企业能力发展的基础，正在成为企业能力演化研究的一个重要分支。Tripsas 和 Gavetti（2000）研究宝丽来公司失败案例，从管理者认知角度探讨了企业能力适应环境变化的问题，反映了管理者认知的重要作用。

虽然这些研究有助于理解企业能力与企业竞争优势及卓越绩效的关系，勾勒企业能力与产品（所传递的价值）的关系，但也没有发掘竞争优势演化的路径或模式，因此至少还存在两方面的不足。①偏重于影响因素分析，缺乏对能力演化过程或模式的研究。现有研究大多强调学习机制、先前经验、管理者认知等因素的促进或阻碍作用，没有太多关注演化路径和与之相关的演化情境，演化过程逻辑研究不足，更缺乏实证支持。②企业能力理论的逻辑结构不够完整，缺乏能力对价值演化的研究。绝大多数研究没有涉及市场层面的价值变化问题，虽然也有把顾客价值与能力联系起来的，但没有深入考察顾客价值演化问题。

第二，企业价值优势。

Ghemawat（1991）把竞争优势定义为企业提供产品的收益—成本差超过竞争对手的程度，即如果企业能在产品市场上比竞争对手创造更多的经济价值，那么就具有竞争优势（Peteraf and Barney，2003），学者们一般从经济学和营销学的视角来进行分析。经济学视角就是通过简单的经济学分析来挖掘竞争优势的价值根源，认为竞争优势来源于企业在创造经济价值或顾客价值方面的差异，学者们甚至还运用了不同的价值分析工具来进行分析。如 D' Aveni（1994）的等价值线分析法、Porter（1996）提出了生产率边界曲线等。这种分析方法抽象且简化，对顾客价值进行了高度综合和抽象，将其看作是战略分析的重要元素。营销学视角就是通过洞察和发掘顾客价值要素，构造独特的价值曲线，实现基于顾客价值的竞争优势。例如，Woodruff 和 Gardial（2004）定义竞争优势是顾客能够感知到的比其他企业提供的更加卓越的价值。从顾客角度看，产品的价值主要是从低价格和差异化两个方面体现出来的（Porter，1985），Mintzberg（1988）进一步把差异化优势细分为形象差异化、设计差异化、质量差异化、支持差异化和无差异五种。Kim 和 Mauborgne（1997）提出了价值曲线，认为企业通过具体的顾客价值要素进行取舍，提供与众不同的价值曲线，实现顾客价值的快速增加，可以获得明显的竞争优势。因此，从这个角度看，顾客价值演化就是企业的价值曲线演化。

可见，经济学视角高度抽象的分析方法，对于理解顾客价值、竞争优势含义有一定的指导意义，但在进行战略具体分析时不能从细微处研究顾客价值，难以探究不同企业的战略行为及优势所在。因为即使在等价值线或生产率边界曲线上有多家企业提供相等的价值，它们的价值要素组合仍有可能不同，这就意味着企业可利用的战略机会是不同的，而基于顾客价值的营销学视角能够把经济学视角抽象价值概念还原为具体、多维的本来面貌，直观地展示企业市场层面优势。他们认为企业竞争从顾客利益诉求中体现出来，竞争的变化反映技术、需求、企业和产业的共同演化。Kim 和 Mauborgne（1997）提出了基于价值创新的竞争优势持续的多种方法，

即通过产品、服务和交货三个价值创新平台之间转换来保持企业相对于竞争对手在价值曲线上的优势，从而实现竞争优势的可持续性。这一思路与Christensen（1997）的观点非常接近。例如，Christensen通过多个产业的观察发现，需求轨迹和技术轨迹的动态关系是导致竞争演进的根本机制，市场层面的竞争基础呈现出由功能性到可靠性，再到便利性，最后是比拼价格演进的趋势。Christensen研究表明，破坏性技术资源曾经是企业竞争优势的来源，但在演化过程中，资源与能力优势由于嵌入于既定的价值网络而导致顾客盲区和刚性的内部选择机制，最终难以发展成为新的顾客价值优势来源。可见，Kim和Mauborgne虽然明确了顾客价值的视角，并运用价值曲线进行分析，但没有深入探讨企业内部优势如何支撑市场层面优势这个问题，因此难以揭示竞争优势演化的内在逻辑。

第三，企业绩效优势。

Foss和Knudsen（2002）把竞争优势直接定义为超额回报，学者们进行实证研究时也大多采用如ROA、托宾Q值等财务绩效指标来衡量竞争优势（Wiggins and Ruefli，2005）。但也引发了不少学者对企业绩效竞争优势概念的质疑，如Powell（2001）明确指出，竞争优势不等于卓越的绩效，而且竞争优势也不一定能产生卓越的绩效。因此，Powell首次提出了战略管理研究领域中这个长期被忽视的问题，引发了学者们对竞争优势概念的深入思考，如Peteraf和Barney就指出，把竞争优势等同于超额回报是不适当的，这会混淆不同视角对绩效差异的解释，越来越多的学者倾向于把竞争优势看作是一个导致超额财务绩效的中间变量。

Barnett等（1994）研究考察了造成绩效差异的内外部原因，运用组织学习和生态学理论提出了一个绩效演化模型，认为绩效差异源于战略地位和能力两个方面的差异，而竞争引发了选择和学习。Barnett等（1996）进一步利用红桃王后效应揭示了组织绩效演化的内在机理：如果组织进行适应性学习，会变得更加强大，并引发竞争对手的搜寻与学习。反过来，组织会感受到更加激烈的竞争，从而引发新一轮的搜寻与学习过程。这项研究证实了“红桃王后”效应的存在，这种效应是一种非常重要的战略演化机制。Derfus 等（2008）通过对跨行业 4700 多次企业竞争行动研究同样证实了“红桃王后”效应的存在，他们认为，企业为了提高绩效而采取的行动会导致竞争对手采取更多更快的行动，最终会对最初发起行动企业的绩效产生负面影响。由此可见，企业竞争的动态过程引发了搜寻、学习、创新与选择，最终导致绩效演化，因此竞争动态性在企业绩效演化方面起着非常重要的作用，随着环境日趋动荡，绩效演化的速度也会越来越快。总之，企业绩效优势是企业竞争结果的最终表现，而战略地位、企业能力、动态竞争和由竞争驱动的学习是影响企业卓越绩效的重要因素。不足的是，企业绩效优势观缺乏对企业价值的关注，无论是竞争、学习还是能力发展，都必须以企业在产品市场上提供的价值为载体，越过价值这个环节，很难对企业绩效变化做出清晰和完整的解释。

（二）企业竞争优势构成模型

由上述企业竞争优势内涵的分析我们可知，企业竞争优势从资源和能力、企业价值和企业绩效任何某一个方面来进行解读，都是不全面和不完整的，我们需要构建企业竞争优势一个完整的理论框架，更准确地把握竞争优势的含义，才能为相关研究提供科学系统的理论基础。

首先，资源与能力是企业获取竞争优势的基础，企业价值优势是企业竞争优势的表现。因为企业竞争优势内涵定位在企业能力优势和顾客价值优势这两个方面，企业价值优势是企业在竞争中表现出来的市场层面的优势，如低价或者差异化，其终究是卓越的顾客价值的体现。从顾客角度看，如果企业能让顾客以相同代价获取较高的价值，或者以较低代价获得相同价值，那么企业就可以赢得顾客认同，从而获得竞争优势。可见，竞

争优势最终从为顾客提供的产品和服务中体现出来，离开市场的产品和服务，竞争优势就是空谈和没有意义的。也就是说，企业竞争优势展示出来的是一种顾客价值优势，表现为一条独特的价值曲线，而能力层面上的竞争优势，指帮助企业在竞争中获得市场层面优势的资源或能力优势。因为从企业内部看，企业如果能够依靠某些专有资源和独特能力，以较低的成本向顾客提供相同的价值，或以相同成本向顾客提供较高价值，那么它就拥有了竞争优势。如 Teece 等所言：竞争优势存在于产品市场的上游，依附于独特的和难以模仿的资源。

其次，企业绩效优势是企业竞争优势的结果变量。一个企业具备能力优势或者顾客价值优势最终可能会获取超额绩效，也有可能不会，因为企业绩效除此之外还存在其他方面因素的影响。从逻辑上看，企业卓越的绩效只能源于企业创造的价值优势，即具有卓越财务绩效的企业是以市场层面和资源能力层面的竞争优势为支撑的，但是企业具有竞争优势并不一定带来卓越绩效，两者之间不可逆。以前“企业竞争优势”的说法过于笼统，在此我们可以将“竞争优势”看作是以能力为基础的顾客价值优势，而且竞争优势并不等同于绩效优势，这样才能系统性地探究企业竞争优势的构成。

综上所述，企业竞争优势的构成可以从竞争优势的来源、价值表征和绩效结果三者之间的关系来构建，如图 2-1 所示，即来源—表征—绩效分析框架。这个框架的完整逻辑是超额绩效来源于竞争优势，竞争优势表现为企业创造的经济价值（顾客价值）的差异，而经济价值（顾客价值）的差异来源于企业拥有的战略资源，并通过企业的战略行动来实现，这与主流的资源基础观的相关研究有很大的变化。资源基础观认为具有 VRIO（Valuable，Rare，Inimitable and Organized）特征的资源才是战略资源（或核心资源），对于企业获取卓越绩效具有至关重要的作用，但没有对企业竞争优势进行测量。大多资源基础观研究一般就是直接考察资源（能力）—绩效的简单关系，越过了中间层次，因为他们要么把企业竞争优势来源认为是具有 VRIO 特征的资源，要么把竞争优势的表征认为是凭借资源（或能力）造成的经济价值差异。因此，资源基础观暗含一个假设，那就是企业能力优势能够自动转化成顾客价值优势，没有清晰勾勒出能力优势是如何转化为市场优势的这个重要过程，而竞争优势也仅仅是一个财务绩效的解释工具。事实上，没有顾客会仅仅因为企业拥有 VRIO 资源，就愿意支付账单。也就是说，尽管测量竞争优势是验证资源基础观的必要步骤，但资源基础观研究很少论及而跳过了企业价值创造这一关键的逻辑步骤，使得竞争优势分析不够完整。为了弥补这一缺陷，在竞争优势的动态演化过程中发掘价值优势与能力优势的动态关系就尤为必要。

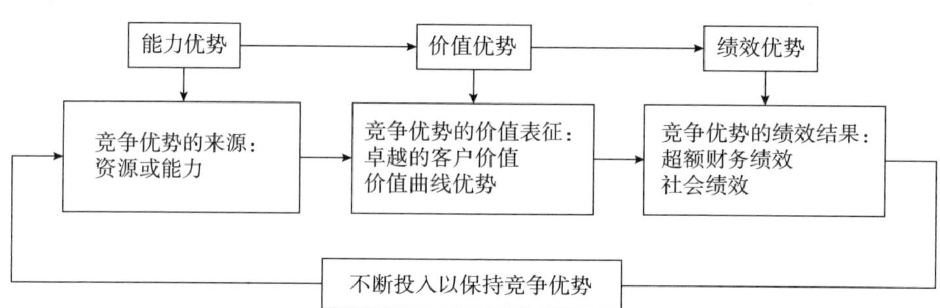

图 2-1　企业竞争优势构成模型

第三节

企业社会责任与企业竞争优势文献述评

学者们从伦理学、经济学、社会学以及管理学等诸多领域，对企业社

会责任是否提升企业竞争优势以及如何影响企业竞争优势的进行了深入研究。对于企业社会责任是否能够提升企业竞争优势主要分为两种观点。一种观点认为不会。例如：钟瑞庆（2013）通过我国目前实际情况的分析认为由于各种制度的不完善，企业承担社会责任会导致企业自身的发展受到限制，不利于企业竞争优势的提升。Aneel（2010）和 Etmice（2014）等也认为，企业承担社会责任会增加额外的成本费用，这些支出会使企业在竞争过程中处于不利地位，甚至会导致企业生存困难。另一种观点也是大多数人的观点认为履行企业社会责任会提升企业的竞争优势。理由大致有四点：

（1）企业社会责任活动是企业差异化战略的有效途径，可以为企业创造可持续竞争优势的资源或能力。例如：Greening 和 Turnan（1996，2000）认为企业社会责任活动可以建立人力资本市场竞争优势；WcWilliams 等（2002）认为企业社会责任活动构建企业监管壁垒，使企业在市场竞争中处于优势地位；Gardberg 和 Formbum 以及 Weber（2008）均发现，企业社会责任活动帮助企业与利益相关者形成和谐关系，提升企业声誉和社会资本等无形资源。

（2）企业社会责任活动具有信息传递机制，可以有效缓解企业信息不对称的问题。例如：Cheng（2014）等以及冉戎等（2016）研究发现，积极履行企业社会责任能够降低公司与利益相关者信息不对称的程度，从而减少公司资本融资约束，降低公司资本成本和代理成本。国内外学者 Sergio（2008）、刘凤军（2012）以及田敏（2014）等，研究认为企业社会责任是一种营销工具，企业积极履行与产品相关的慈善公益活动可以提高消费者的品牌评价、购买行为和产品忠诚度，有利于提升企业竞争优势。

（3）企业社会责任活动可以改善企业与政府的关系，构建和提升企业政治网络体系以及政治合法性，积累政治资本从而获得政府补助和优惠政策的支持，提高债务融资便利性以及减少政府监督管制。例如：Scherer 和

Palazzo（2011）发现，积极履行企业社会责任活动的企业由于表现出高度自律的形象，可以降低政府的监管力度；李姝等以及戴亦一（2014）等研究发现，积极的企业社会责任活动有助于构建良好的政企关系，有利于企业获得政府补贴和额外投资机会，提高融资的便利性。

（4）企业社会责任是企业风险管理的有效途径。企业社会责任活动可以有效降低企业面临的各种非系统性风险，同时还可以提高企业抵御风险的能力，而风险抵御能力是公司价值创造的必要条件。Ayadi 等（2015）基于美国上市公司研究结论认为企业风险抵御能力是企业社会责任价值效应的重要机制，积极履行企业社会责任对抵御企业风险具有显著的正向影响。这个结论与我国许正良等（2008）研究结论不谋而合，认为企业社会责任活动是种独特的投资工具，可以降低企业风险和提升企业的市场竞争力与可持续发展能力。不过，无论企业社会责任活动对企业竞争优势有多大的影响，它不会自动转化。

因此，学者们对于企业社会责任活动与企业竞争优势的关系目前已达成了部分共识：为了获取和维持企业竞争优势，必须将企业社会责任活动纳入企业战略框架以构建企业战略责任竞争力。因为随着社会文明和国民经济的发展，企业一方面必须以负责任的方式经营是企业长期发展的必备条件；另一方面，竞争的加剧又使得企业不得不考虑践行企业社会责任的机会成本。在这个背景下，从 20 世纪 80 年代开始，战略性慈善责任、战略性企业社会责任等概念与企业竞争优势的关系引起了广大学者的研究热情。

一、战略性慈善责任与竞争优势

20 世纪 80 年代有学者开始宣称：企业社会目标和财务目标应该相互兼容而不是相互冲突，应该以一种能增加企业资源和利润的方式来践行社

会责任活动。于是有学者提出战略性慈善（Strategic Philanthropy）概念，认为捐赠和利润是相互兼容而非相互冲突的。企业捐赠能吸引客户、员工、社区和其他利益相关者，以此来巩固企业资源基础或减少资源约束，帮助企业形成核心能力，增强竞争优势（Mescon and Tilson，1987；Craig Smith，1994）。Mescon 和 Tilson（1987）描述了企业将慈善捐赠作为企业战略的组成部分，以寻求获取竞争优势的新构想。1994 年 Craig Smith 发表在《哈佛商业评论》上的文章 *The new corporate Philanthropy* 首次确认了“新的企业慈善行为”，企业社会责任不仅局限于现金捐助行为，而是对特定社会公益活动做出长期承诺。“战略性慈善”是将企业社会责任视为纯粹义务活动转变为也要同时支持企业目标的战略性活动，也就是说，企业慈善行为甚至所有企业社会责任行为都要提升到战略的高度。2002 年 Porter 和 Kramer 在《哈佛商业评论》上发表《企业慈善事业的竞争优势》一文从企业层面提出，企业慈善行为是企业提升竞争力具有战略意义的行为，企业应该将其与战略整合为一种改变企业竞争环境赢得竞争优势的行为。譬如，企业进行公共事业活动，表面上看是为了获得更多的认同和社会影响，实际上企业应专注于增强企业核心竞争力。因为并非企业所有的慈善行为必然能提升企业竞争力，只有当慈善行为兼具良好的社会效益和经济效益时，慈善行为才能与经济目标兼容，这种慈善行为才是“战略性慈善行为”。

那么战略性慈善是怎样帮助企业获取竞争优势的？即战略性慈善捐赠行为对企业竞争优势影响的机理是什么？Porter 和 Kramer（2002）提出的“竞争环境导向型慈善行为理论”认为，企业能通过采取慈善行为来改善自身的竞争环境，从而促进企业长期稳定发展。接着，Porter 和 Kramer（2006）在著作《战略与社会：竞争优势与企业社会责任的关系》中指出，企业公益活动未能获得生产力提升，主要是犯了两种错误：第一是将企业与社会对立，事实上这两者是相互依存的关系；第二是对公益慈善的理解过于肤浅，没有将慈善与企业的战略需求结合起来。著名营销学专家 Philip Kotler 同样认为，现代企业承担社会责任是一种战略性行为，企业承担社会责任应该具有选择性，因此，他提出了“善因营销”（Cause Related Marketing）慈善行为理论，认为成功的善因营销活动有助于企业将慈善捐赠行为与商业利益联系起来，譬如能提高客户对企业品牌的认知度和增加利润，两者之间能够相互促进。2007 年我国学者钟宏武对于“一个理性的和追求利润最大化的企业为什么会捐赠”这个问题给出了一个综合的理论解释框架。他认为：慈善捐赠绝非单纯的利他行为，它对于企业有保值和增值两方面的作用。保值作用是对企业进行合法保护和伤害保险，合法保护是企业通过捐赠行为购买利益相关者的“伤害权”，提高组织合法性，防止利益相关者的干扰，维持企业正常运行。伤害保险是企业慈善捐赠行为将形成积极的道德资本。企业伤害到利益相关者时，由于道德资本的存在会使受害者对企业伤害动机做出良性的评价，从而降低其制裁或报复企业的强度，并减少企业关系资产的损失。增值作用是慈善捐赠能吸引客户、员工等其他利益相关者，巩固企业资源、增强竞争优势和改善企业绩效。进一步，按照不同作用机制，增值作用可分为直接增值和间接增值。直接增值认为慈善捐赠能直接改善企业经营环境，短期内可以为企业带来显著的绩效改善，Porter 和 Kramer 的慈善捐赠—竞争优势模型和寻租模型非常直观地展现了其作用机理（见图 2-2 和图 2-3）。间接增值认为捐赠能提升企业绩效，但是要通过关系资产这个载体，所以对企业绩效的影响是间接的、迂回的和长期的。另外，根据载体的不同，间接增值模型主要有声誉模型（Fombrun 等，1990）、捐赠—招聘模型（Turban and Greening，1996）、信任模型（Zucker，1986）和消费者认知模型（Cornwell and Coote，2005）等。李四海等（2016）进一步研究战略性慈善实现企业增值究竟存在怎样的作用机制？他们以“穷人慷慨捐赠”为特定情景（所谓

“穷”是指企业业绩下滑与企业亏损相对性穷和确定性穷），研究发现：虽然企业捐赠行为会受自身盈利能力的显著影响，但企业业绩下滑时并没有减少捐赠，相反甚至会更积极增加捐赠支出，因此认为战略性慈善行为传递了企业财务状况良好以及未来前景乐观的信息，降低了利益相关者企业业绩下滑的风险感知，抑制了信用资源流失的风险，证实了战略性慈善的增值效应和作用机制。不过，对于处于确定性亏损的企业，利益相关者对于企业的捐赠行为已经清晰地感知到并非企业财务状况的真实反映，并没有业绩下滑企业慈善行为的战略效用。所以，战略性慈善捐赠行为的增值效应存在一定的主体性边界，确定处于亏损的企业并不在这个边界之内。高勇强（2012）基于 2008 年我国民营企业的调查数据，分析了我国民营企业慈善捐赠的动机更多是“工具性”的，因为一方面企业利用捐赠行为来实施产品差异化战略，而另一方面更多的是用来以掩盖或转移外界关注其社会责任的缺失，比如员工薪酬福利水平低、企业环境问题和企业工会压力等，是“绿领巾”而非红领巾。张建君（2013）研究了在市场竞争机制和制度约束机制不完善的条件下，转型经济中企业慈善捐款的驱动因素。他提出了一个竞争—承诺—服从的理论框架，认为企业捐赠不仅是为了市场竞争，也可能是管理者对企业社会责任的承诺或对外部压力的服从，而企业管理者与政府间的政治关联一方面成为企业承诺社会责任的来源，另一方面也成为企业抵制外部某些诉求的缓冲力量。眭文娟等（2016）基于 2012 年全国 2143 家私营企业的调查数据，实证研究揭示在我国转型经济背景下，私营企业慈善捐赠是一种“工具性”的寓利于义。当企业“奢侈”捐赠进行“善施”时能在较短期内能够赚取到舆论支持而树立良好的社会形象，提升企业的声誉和合法性，增加产品销售并提升财务绩效。从长期看来，慈善捐赠行为的工具性作用主要表现在改善外部环境，企业能够获得扩大再生产和开拓市场的机会。在以政府干预举足轻重和“关系”为纽带的中国情境中，政治关联企业的公益行为很容易得到官方媒体报道和宣传，是企业获得政治合法性的有效方式。多数情况下，关注政府政策的商业银行更乐意贷款给有慈善捐赠行为的企业，从这一点看企业的捐赠行为可视为战略性公关投资。不过值得注意的是，捐赠的“工具性”效应也会随着市场机制的完善而受到局限，而且在企业发展的不同阶段，慈善捐赠的“工具性”绩效存在显著差异性。具体来说，新创企业由于缺乏社会认可与公众信任，慈善捐赠可以积极提升其“合法性”；对于成长期企业的效应表现在获取和维护企业声誉；对于成熟企业，慈善捐赠的工具性需求明显降低，这只是维持企业经营稳定的一种方式。

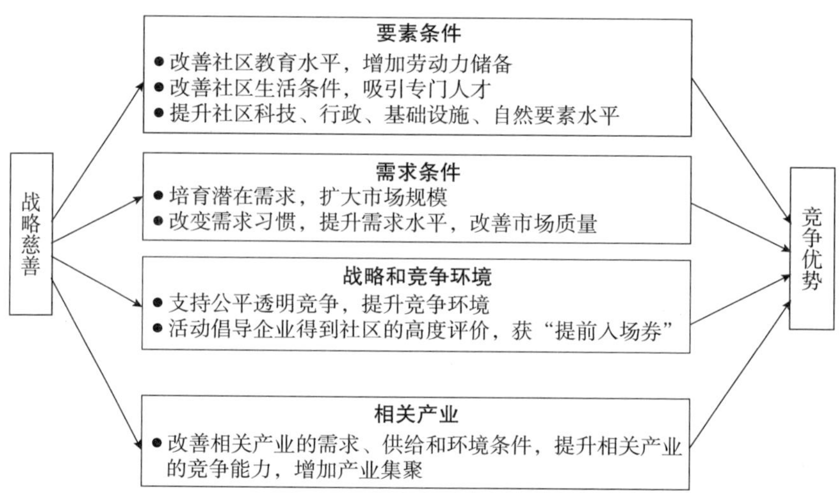

图 2-2　战略性慈善提升企业竞争优势模型

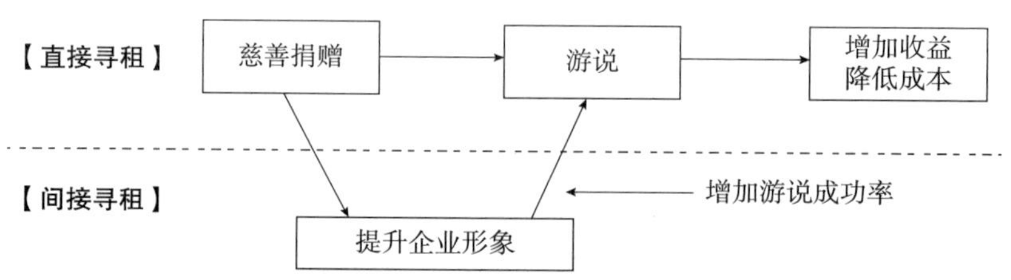

图 2-3　慈善捐赠寻租模型

二、战略性企业社会责任与竞争优势

战略性 CSR 思想最早可以追溯到德鲁克 1984 年的《企业社会责任的新意义》，文中提出：企业应该把社会责任转化为商业机会、经济利益、生产能力、待遇丰厚的工作岗位和社会财富。可见，目标二元性是战略性 CSR 最根本特征，企业要同时追求经济目标利润最大化和增进社会福利的社会目标。因此，战略性 CSR 的基本思想是企业与社会相互依存，打破传统的企业经济目标和社会目标此消彼长的假设观念，通过创造共享价值，试图做到"企业赚钱与为善两不误"。不过，在 Burke 和 Logsdon（1996）正式提出战略性 CSR 概念后，并未得到积极响应，直到 Porter 和 Kramer 发表在《哈佛商业评论》上的两篇文章《企业慈善的竞争优势》和《战略与社会：企业社会责任与竞争优势》才引起了广泛关注，Porter 和 Kramer 认为战略性 CSR 要从两个方面进行：一是要进行使社会受益和企业战略强化的价值链变革；二是要实施显著改善竞争环境的战略性慈善。总体上看，现有的研究文献集中关注两个问题：一是 CSR 能否提升企业竞争优势；二是如何通过 CSR 获取竞争优势，即企业社会责任对企业竞争优势影响的机理是什么。

关于 CSR 能否提升企业竞争优势的研究，Reinhardt（1998）提出，企业如果践行企业社会责任同时能够阻止竞争对手模仿，则能获得竞争优势。Collins 和 Porras（2002）在《基业长青》一书中研究比较了美国卓越企业与优秀企业结果表明，最卓越企业的公司使命以及企业文化均具有强烈社会责任导向。从短期来看，尽管企业承担社会责任时付出了大量资源，甚至可能还会失去一些发展机会，但长期看，企业最终将赢得持续竞争优势。可见，企业在社会责任领域的付出实际上是可以看作是一种长期投资，对企业长期发展起到重要作用。因此，众多学者力图找到企业社会责任与企业目标的利益共同点，他们从利益相关者理论、企业资源理论、企业能力理论等视角，对企业社会责任与企业某些具体的关键性资源、核心能力等关系做出理论与实证研究。

Jensen（2002）认为，战略性 CSR 同时实现企业利润最大化和 CSR 最大化在逻辑上是不可能的，除非 CSR 是企业利润最大化（竞争优势）的必要投入条件，也就是说 CSR 要具备专用性。那么，CSR 专用性究竟在哪些情境下是作为一种最优战略选择，能够为企业带来竞争优势呢？现有文献研究主要表现在三个方面：①当企业市场战略地位处于劣势(如创新水平低)、市场战略相似（如产品同质）或市场战略无效（如缺乏出口优势）时，CSR 是一种差异化的有效手段，能为企业带来竞争优势。②当 CSR 成为一种有效市场需求时，企业可以将 CSR 作为一种普通商品，根据市场需求提供 CSR 以实现利润最大化。③当企业面临合法性危机时，CSR 是企业获取和维持合法性的重要手段，譬如可以通过灾难性救济改善企业的不良形象和声誉。CSR 要为企业创造价值，Burke 和 Logsdon（1996）曾认为企业应具备五大特征：专用性、向心性、先动性、自发性和可见性，但没有剖析这五大特征的关系。Husted 和 Allen（2007，2009）对 Burke 和 Logsdon（1996）的研究以西班牙大企业为样本进行了实证检验，2007 年研究结果表明专用性、可见性与企业价值创造显著正相关，自发性与企业价值创造显著负相关；2009 年研究结果显示向心性、可见性与价值创造显著正相关，自发性与价值创造负相关，专用性和先动性与价值创造统计结果不显著。两项研究发现，向心性、可见性和专用性与价值创造正相关；自发性、先动性与价值创造负相关。有学者认为自发性和可见性不是战略性 CSR 特征，因为根据 Carroll 的社会责任金字塔模型，自发性责任是一种任意责任，不一定是商业收益获取的必要投入条件，可见性对 CSR 与竞争优势的影响有双重性，因此认为，为了实现战略性 CSR 二元目标，战略性 CSR 必须具有专用性，衍生出战略性 CSR 企业两大特征：向心性（Cen-

trality）和应变性（Adaptability）。向心性是指 CSR 与企业使命、目标和任务等的匹配和关联程度，回答 CSR 应该做哪些才能带来竞争优势的问题。一部分学者认为 CSR 与企业使命和愿景关联就具备了战略性；另一部分学者则认为 CSR 应该与核心业务——价值链或改善竞争环境关联才具有战略性；还有一部分学者提出 CSR 应从辅助核心业务的角色转变为核心业务才算具有战略性。应变性是回答企业应该做多少、怎么做 CSR 才能为企业带来竞争优势的问题，企业会根据环境变化，结合企业资源和能力等选择反应性、防御性、适应性或先动性等不同 CSR 应变战略。

关于如何通过 CSR 获取竞争优势，CSR 对企业竞争优势影响的机理问题，现有研究文献关注点一般都集中在 CSR 与企业竞争优势之间中介力量的探寻上。归纳起来主要有两个方面的视角：一是基于利益相关者理论视角，研究 CSR 对企业的利益相关者产生作用，进而影响企业竞争优势；二是基于资源基础论视角，研究 CSR 活动会为企业带来哪些方面的资源优势。

基于利益相关者理论视角的企业利益相关者分为市场利益相关者责任、组织利益相关者责任和投资利益相关者责任，主要消费者、员工、股东、供应商、政府和社区等，学者们进一步研究了其各自的影响机理，即 CSR 和利益相关者以及企业竞争优势之间的作用关系。

（1）消费者。企业社会责任影响消费者对企业产品的感知和评价以及最终的购买意愿和选择行为，从而影响企业产品市场份额和竞争优势的提升（Brown and Dacin，1997；Petrich Joseph and Quinn John，1997）。

（2）员工。企业履行消费者社会责任，提高员工对企业的忠诚度和向心力，激发员工潜能和积极性，可以显著提高员工工作效率和企业生产效率，增强企业竞争力（Dutton，Dukerich and Harquail，1994；Becker and Gerhart，1996；Peterson，2004）。

（3）股东。股东利益最大化与企业履行社会责任在当今已经是一种相辅相成的关系，企业在力所能及的范围内进行一些社会责任活动相当于投资。虽然在短期来看这种投资可能牺牲了企业的经营业绩，但从长远来看，这种投资可以帮助改善企业形象、吸引大量人才，从而增加足以抵补当初企业投入 CSR 活动的收益。

（4）供应商。企业一如既往对供应商履行责任，信守承诺及时归还货款，供应商将视企业为优质客户而彼此之间保持良好关系，可以增加双方信任愿意进行长期合作，从而降低成本，为企业提升竞争优势注入动力（Dyer and Singh，1998）。

（5）政府。通过承担社会责任企业可以获得政府的高度信任和认同，就可能会对企业的发展给予大力支持，譬如在贷款、税收、用地等方面给予政策倾斜，有利于提高企业外部环境竞争力。

（6）社区。企业通过承担社区责任可以获得社区支持和赢得良好的口碑，譬如从事公益慈善活动有利于企业知名度与美誉度的提升、增强客户对企业的认同感，从而扩大市场占有率。

基于资源基础论视角的 CSR 和企业竞争优势机理的研究关注点在于 CSR 为企业带来了哪些具备 VRIN 特征（价值性、稀缺性、不可模仿性和不可替代性，即 Value、Rareness、Imitability 和 Non-substitutability）的资源，因为根据资源基础理论，具备这些特征的资源和能力可以为企业带来竞争优势甚至是可持续的竞争优势。资源方面现有研究主要从以下几点来进行。

（1）人力资本与企业竞争优势。众所周知，人力资本是当今企业获取竞争优势的基础和根本保障，CSR 对人力资本的影响主要体现在企业对雇员吸引力和员工投入积极性方面。Decllant 和 Altman（1994）研究发现，企业环境业绩是否符合员工价值理念会影响员工进入企业的意愿；Turban 和 Greening（1996）通过对 633 个组织的实证表明，慈善捐赠能增加组织对员工的吸引力，随后的研究表明注重承担社会责任的企业比不负责任的企业对员工的吸引力更大。2007 年世界著名咨询公司 Towers Perrin 针对全球 9 个国家 10 万名劳动者的一项调查显示，在影响员工投入因素中，企业社会责任排在第三位。因此，CSR 活动通过吸引和留住人才，并激发他们的积极性和创造性为企业带来竞争优势。

（2）声誉资本与企业竞争优势。企业声誉是难以创造和模仿的，良好的声誉是一种难以获得的资源，可以为企业获取竞争优势，而企业社会责任能够直接或间接提升企业声誉。早在 2000 年 Antunovieh 等通过实证分析得出企业社会责任会提升声誉资本的结论，Williams 和 Barrett 认为公司参与慈善活动有助于企业声誉的提高。部分学者（Fombrun，2000；Orlitzky，2003）认为，企业社会责任行为以及有效的信息披露有利于树立在利益相关者心中的良好形象，促进其与利益相关者建立良好关系（Carroll and Buchholtz，2008），从而获得声誉资本。拥有良好声誉的企业，不但可以提升与供应商、政府等的谈判能力，还可以赢得客户，提升客户对企业的信任感，增加重复购买率。

（3）社会资本与企业竞争优势。企业在生产经营中承担社会责任可以看作是对社会资本的投资（内部社会资本和外部社会资本），随着企业社会责任增加，社会资本随之增加，企业竞争优势也相应增强。因为：一方面，企业履行内部社会责任，有利于建立和促进企业与员工之间的信任与协调关系，而信任与协调是形成企业社会资本的关键要素。它能够调动员工的积极主动性和创造性，节约管理费用和增加利润。另一方面，企业履行外部社会责任，可以在利益相关者中树立良好的企业形象，获得更多的关注与支持，从而更好地构建社会关系网络，而良好的社会网络关系有利于企业网络成员间的合作和信任，降低交易费用，提高企业收益。

能力方面主要体现在两个方面。

（1）企业创新能力与企业竞争优势。Majumdar 和 Marcus（2001）认为积极承担社会责任的企业对组织协调、管理等有显著的影响，员工可以将企业社会责任内化而有效利用组织资源，促进企业技术创新和绩效提升。Rachel Bocquet 等（2011）对企业社会责任与创新之间的关系进行了实证研究，表明为了经济利益践行社会责任的公司在产品和过程创新上更具有创新力，而为了更好学习而履行社会责任的公司则采取组织创新。因此，企业履行社会责任通过关注对其利益相关者的利益要求来推动创新，从而获得竞争优势。

（2）企业危机处理能力与企业竞争优势。积极履行社会责任的企业往往能够获得利益相关者的信任与支持，危机事件合理处理后甚至还会提升企业社会形象和信誉，因此获得竞争优势。Klein 和 Dawa（2004）研究了企业陷入有害产品危机时企业社会责任溢出效应的表现是充当缓和剂，能够影响责任源、具有持续性和可控性，减少消费者对企业谴责，进一步影响对企业的评价和购买意愿。可见，企业社会责任对企业危机处理能力的作用主要体现在自动规避危机能力和缓冲危机能力两个方面。因为 CSR 管理会要求企业与利益相关者之间建立有效的沟通机制和协商机制，利益相关者之间要利益均衡，这样可以规避企业自身原因引发的危机以及抵御外力诱发危机。同时，如果危机一旦产生，也能够将危机损失降至最低，使企业具备较强的应变能力和自我恢复能力。

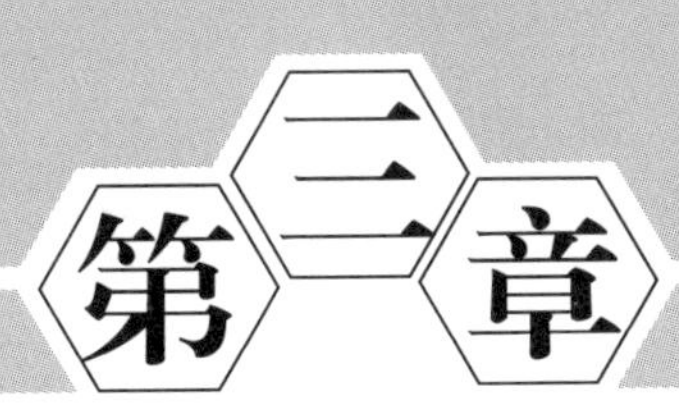

企业社会责任向企业竞争优势转化的机理

第一节 企业社会责任与企业竞争优势的耦合进路

从前面章节的论述可以看出，现阶段关于企业社会责任与企业竞争优势的研究，大多是从某一特定视角或者案例说明企业社会责任对企业竞争优势有无影响，影响是否显著，但两者之间的理论耦合与契合点在哪里、作用机理与机制是什么仍然是一团迷雾。因此，想要揭示企业社会责任如何向企业竞争优势转化这一问题的关键是廓清两者之间的耦合点是什么，再进一步探究企业社会责任是如何转化为企业竞争优势的机理分析。

那么企业社会责任与企业竞争优势之间的耦合进路究竟是什么呢？耦合（Coupling）一词本是一个物理学概念，后来被引入系统科学领域，通常表示两个或两个以上系统之间存在的一种良性互动、相互依赖、相互协调和相互促进的动态关系。这一概念也可以延伸到企业社会责任的相关研究中，将企业社会责任和企业竞争优势看作两个独立的系统，这两个系统之间存在一种依赖、协调、促进的动态关联关系。研究这两者之间的耦合进路旨在研究企业社会责任与企业竞争优势之间的契合点有哪些，一方面，企业在社会责任活动会面临众多选择，在企业资源有限的条件下，如何选取合适的企业社会责任活动让企业竞争优势效应最大化是企业必须面对的实际问题，这就需要廓清两个系统之间的共同触点（契合点），有助于科学有效地引导企业社会责任活动，获取可持续竞争优势以及提升企业绩效；另一方面，企业竞争优势和绩效的提升会进一步促进企业家和股东对企业社会责任活动的投入，为企业进一步实施社会责任活动提供坚强的实力和强劲的动力，更加主动积极履行社会责任，使两者之间形成一种良性循环，将企业社会责任活动可持续发展下去。以前对于“企业竞争优势”的理解大都过于笼统，由本书第二章中的企业竞争优势的文献研究可知，企业竞争优势的内涵本身是包含多层次与多维度的。研究企业社会责任对企业竞争优势影响的机理，首先必须对企业竞争优势构成进行分解，才能正确认识企业社会责任（行为）与企业竞争优势（结果）之间的逻辑演绎关系。因此，根据企业竞争优势构成的层次观，以及国内外学者关于企业社会责任对企业竞争优势影响结果不同方面的研究，笔者基于竞争优势的三个层次，认为企业社会责任与企业竞争优势的耦合进路可以从以下三个方面进行拓展。

一、资源、能力的耦合

资源基础论着力研究企业内部特征与绩效之间的联系，始于1959年Penrose出版的《企业成长论》，认为企业是一个“资源池”，即企业是一系列异质性资源和能力的集合体，如果资源和能力具有价值性、稀缺性、不可模仿性和难以替代性，就可以成为一个企业可持续竞争优势的来源。因此，资源基础理论的代表人物Barney（1991）认为企业如果拥有或控制一些特异资源，就能使企业获得竞争优势和超额利润。实际上，资源是企业完成经营活动必不可少的物质条件，但是资源本身是不能创造经济价值的，只有当资源被运用到企业经营活动中，它才能是竞争优势的一个来源。因此，资源基础理论者还要充分考虑“整合和管理这些资源集的能力”。Kay（1993）认为，独特能力应用于产业或市场，就有可能变成竞争优势。Carpenter和Sanders（2007）甚至把企业竞争优势直接定义为“企

业以竞争对手不具备的方式创造价值的能力”。Galbreath（2005）把企业的资源和能力归纳为有形资源和能力、无形资源和能力两种。有形资源容易被竞争对手所模仿或被替代，无形资源和能力却因具备路径依赖、社会复杂和因果关系模糊的特性，既难创造又成本高昂，而且很难通过交易获得，这使得它们比有形资源更有可能成为企业竞争优势的来源。

Hart（1995）首次将资源基础理论引入企业社会责任分析框架，他认为企业承担环境社会责任能为企业带来资源或能力，从而为企业带来持续的竞争优势。后来，Russo 和 Fouts 对 Hart 的理论进行了实证研究，发现企业环境社会责任表现水平越高，企业经营绩效也会越高，两者之间是正相关关系。此后，学者们进一步研究了企业社会责任如何通过创造无形资产而为企业带来持续竞争优势。譬如，Fombrun 等（1996，2000）认为当企业社会责任活动产生无形资产如声誉、企业合法性等时，这实际上可以缓和保护企业受到负面影响的冲击而起到了安全阀的作用，甚至这些活动还能为企业未来成长提供机会而起到机会平台作用。Hillman 和 Keim 的实证研究发现战略性企业社会责任有利于产生无形资产，使企业创造出重要的与竞争对手不同的资源和能力方面的竞争优势。

资源与能力基础理论描述了企业竞争优势来源的基础，那么履行企业社会责任可以从竞争优势的来源即资源与能力方面来超越竞争对手。因此，资源与能力是两者耦合的进路之一，而且这一耦合进路还具备两个重要特征：一是可以将资源与能力视为企业竞争优势的中间变量；二是明确认识到无形资源的重要性，例如缄默知识和企业声誉等。

二、企业价值的耦合

在探讨一个企业的竞争优势时，除了与竞争对手相比在资源与能力方面的差异外，很大一部分学者认为还存在于企业价值创造方面的差异，或向顾客传递价值方面的差异。对于企业社会责任对企业价值创造的影响，在学术界与业界有很大的争议，而且一直存在着两种观点。一种观点是企业承担社会责任会损害企业价值，例如，Aupperle 等（1985）认为，承担企业社会责任将会浪费企业的资本和其他资源，与那些不从事企业社会责任的企业相比，本企业将会处于竞争劣势地位。而另一种观点则相反，认为企业承担社会责任会提高公司价值，例如，Cornell 和 Shapiro（1987）提出，企业如果不能满足股东之外其他利益相关者的需求，将会产生市场恐惧并提高风险溢价，最终导致更高的成本或盈利机会的丧失。但是如果满足关键利益相关者的需求，将会提高公司声誉并对公司业绩产生积极的影响。Freeman（1991）发表了同样的观点：长期来看，企业良好的社会绩效符合商业法则的要求，企业绩效与社会责任之间呈正相关关系。Sandra A. Wad dock 和 Samuel B. Graves（1997）提出了公司显性成本和隐性成本的概念，认为公司不从事企业社会责任活动会造成隐性成本提高，从而将会产生更多的显性成本，最终丧失竞争优势。可见，显性成本与隐性成本的思维理念与利益相关者的管理思想其实是一致的，例如企业如果管理好了与消费者、员工、政府、社区等之间的关系，就会发现良好的社区关系使当地政府提供了税收优惠，良好的雇员关系可以提高士气和生产率，关注产品的质量会带来积极的客户关系等。

企业价值论从企业价值的角度探究了企业社会责任与企业竞争优势之间的耦合进路。值得注意的是这一耦合进路有两个重要特征：一是企业社会责任可以渗透于企业创造价值的整个过程中；二是企业价值层面的竞争优势最终从市场层面表现出来。

三、企业绩效的耦合

如本书第二章所述，企业绩效优势是企业竞争优势的结果变量，因此

企业承担社会责任除了因为法律法规约束以及“高尚企业”追求“高尚道德”之外，学界和业界更多的是在探讨企业社会责任与企业财务绩效之间是否存在正向协同关系，也就是说，人们认为企业履行社会责任最根本的经济驱动力量在于卓越的财务绩效，因此，企业绩效理所当然成为企业社会责任与企业竞争优势耦合的第三个进路。企业社会责任与企业财务绩效的关系问题也一直是20世纪70年代以来国内外学者研究的热点问题，遗憾的是，时至今日，国内外学者并未取得一致的研究结论。当前企业社会责任与企业绩效两者之间关系的实证研究结果主要有四种：正相关、负相关、正U型曲线和倒U型曲线。持正相关观点的学者认为：企业社会责任行为是通过有效管理利益相关者的关系获得企业发展的重要资源（Jones，1995），能够增加品牌价值为股东带来利益，使企业获得竞争优势。持负相关观点的学者认为：由于企业所有者与经营者信息不对称，经营者很有可能过度使用企业资源进行企业社会责任活动来提升其自身的效用，增加企业成本，使企业在竞争中处于劣势，背离实现企业利润最大化目标的根本。企业社会责任与企业绩效呈U型关系的学者认为企业社会责任的绩效水平存在拐点，Barnett（2012）给出了解释并通过对1214家公司分析进行了证实。当企业的社会责任水平较低时，企业不需要额外付出太多的成本而财务绩效较高，但随着社会责任投入水平的增加会致使成本增加从而财务绩效降低，不过当企业社会责任投入水平达到一定程度后，企业将会获得众多利益相关者资源与能力以及更多盈利机会，终究为企业带来绩效改善。企业社会责任与企业绩效之间呈倒U型关系学者认为：当企业进行社会责任投入即对利益相关者进行有效协调和管理时，会为企业带来绩效提升；但是如果企业社会责任投入偏离了企业可承受范围，反而会降低企业绩效。因此，两者之间有一个企业社会责任投入的最优点或者有一个可接受的范围（Hillman and Keim，2001）。与国外研究相比，国内学者对企业社会责任与企业绩效之间关系的实证研究起步较晚。沈洪涛和杨熠（2008）研究了社会责任信息的价值相关性，结果发现，2002 年以后，我国上市公司披露的社会责任信息开始具有正的价值相关性。从分年度的截面数据回归结果看，大多数社会责任变量对当期财务绩效的影响为负。从面板数据的回归结果看，大多数社会责任变量对财务绩效具有正向影响作用，并且显著性大大提高，从而反映出社会责任对财务绩效的正向影响具有一定的滞后性和长期性。

综上所述，企业社会责任与企业竞争优势的绩效耦合进路需要进一步强调的是：第一，企业绩效是企业竞争优势和企业社会责任行为的结果变量；第二，由于企业竞争优势不等于卓越的财务绩效，企业竞争优势也不一定能产生卓越的财务绩效，因此，企业社会责任行为对企业财务绩效影响的结果是不确定的。也就是说，企业绩效优势是竞争优势与企业社会责任行为的结果变量，但具备资源和能力优势以及价值创造优势的企业与承担了社会责任的企业一样其绩效的最终结果是不确定的，可能会实现超额经济绩效，也可能不会，因为还存在其他影响因素。

行文至此，企业社会责任与企业竞争优势之间关系的耦合进路可以从资源与能力、企业价值和企业绩效三个方面来拓展，这三个方面实际上也是企业竞争优势的来源、价值表征和绩效结果三个层面，构成了企业竞争优势一个完整的框架。企业竞争优势的层次性表现为资源与能力优势是基础，价值优势是表现，绩效优势是结果。有鉴于此，企业社会责任向企业竞争优势转化的机理就可以从资源与能力、企业价值、绩效结果三个方面系统地进行展开。

第二节
企业社会责任向企业竞争优势转化的机理

一、企业资源与能力——机理来源

按照资源基础论观点，企业竞争优势来源于企业长期积累的、为企业创造价值的、比竞争对手优越的、难以模仿和难以复制的战略性资源，而企业能力理论认为隐藏在企业资源背后的企业能力是企业竞争优势深层次的来源，比竞争对手优越的、企业专属而又稀缺的能力更能带给企业显著的竞争优势。因此，从竞争优势来源的角度来看，无论是资源还是能力，想要转化为企业竞争优势，就意味着企业社会责任行为要形成企业的“特异资源或能力”，而且还要符合有价值性、稀缺性、难以模仿和难以替代的特征。那么，企业社会责任行为会为企业带来哪些方面的“特异资源或能力”而转化为竞争优势呢？从现有的文献研究来看，主要有以下这些方面。

（一）企业声誉、形象和企业品牌

企业声誉、企业形象和企业品牌是社会公众对企业活动社会影响的评价反映，具有来源社会复杂性而不可完全模仿的特点。企业声誉是企业获得可持续竞争优势最重要的无形资源，但培养企业良好的声誉需要长时间稳定、持续的投资（Roberts and Dowling，2002）。企业各种类型的“顾客”在进行投资决策、职业决策和产品选择时习惯性依赖企业声誉，因此，企业的良好声誉能够使消费者感知其产品品质优良，并愿意为此付出溢价；能够吸引高素质人才和投资者，并增加资本市场价值，从而为企业带来超额利润。有研究证明，企业社会责任活动与企业声誉具有很强的相关性。Fombrun 和 Shanley（1990）进行定量研究得出：企业提高 5%的声誉，则需要企业在消费者情感吸引力方面提高 7%，那么需要企业要么将公众对产品认知提高 10%，要么改善工作环境提高 26%，要么提高企业社会责任活动 24%，企业财务业绩必须提高 55%。这个结果表明，企业社会责任优于财务业绩等因素而对企业声誉具有重要影响。

企业进行社会责任活动会在消费者头脑形成一定的印象而产生作用，最终影响企业形象和企业声誉。因为企业通过积极履行社会责任可以在环境、社会以及伦理道德等方面的社会表现影响到利益相关者对企业的态度和评价，良好的企业形象可以提升企业的可信度、可靠性和确定性。因此，在信息不对称和不确定的环境中，积极的企业社会责任行为能够更有效地向利益相关者传递企业为共同实现经济和社会目标而努力的信息，这种信息为企业创造了良好的外部环境通过异质性的企业声誉与形象资源表现出来，使企业在获取市场优势的同时获得可持续性竞争优势。

同理，企业履行社会责任有助于赢得消费者的好感与信任，企业品牌的美誉度和消费者对企业品牌的忠诚度是建立在企业声誉基础之上的。因此，履行企业社会责任是企业社会形象投资，企业信誉投资和企业品牌投资，有利于企业知名度提高和品牌的传递，可以使消费者了解企业品牌的内涵，提升企业品牌美誉度让更多消费者接受企业品牌。凉茶“王老吉”能够迅速从一个区域品牌成长为全国性品牌，这与加多宝多年来在教育、赈灾等方面积极履行企业社会责任的行动分不开。

（二）企业人力资本与社会资本

企业通过履行社会责任形成良好的劳资关系能够让员工对企业产生责

任感，提高员工满意度和忠诚度。例如，公平的薪酬、清洁安全的工作环境、众多的培训机会、灵活的工作时间等，既有助于增强员工士气和提高工作效率及质量，又能够减少旷工现象；既有助于吸纳与保留优秀人才，又可以最大限度地降低管理成本和监督成本，并减少优秀员工的流失。Albinger 和 Freeman（2002）以及 Peterson（2004）等通过实证研究表明：积极承诺与承担社会责任的企业一般具有吸引优秀员工和保持员工士气的能力，这样可以降低选聘和培训成本。同时，企业员工作为一种专属性人力资本，企业社会责任的履行，有利于员工产生归属感，减少企业发展过程中员工的道德风险与逆向选择，激发员工的潜能与创造力，有利于员工对企业发展目标的认同与支持。例如 Fulme 和 Ballou（2003）所做的相关研究，他们以《财富》评选的“美国 100 家最适合工作公司”为样本，发现这些企业的员工对他们的工作环境都持积极态度，表明员工对工作环境的态度是企业的一项无形资产和竞争优势的一个来源，能够增强企业财务绩效。

Nahapiet 和 Gheshal（1998）认为，企业社会资本是企业在自身所处的关系网络中可获得的或可利用的实际或潜在资源的总和。较高的社会资本不仅能够为企业创造更多经济租金，而且还可以通过信任关系降低企业经营风险以及交易成本，提升企业讨价还价的能力。因此，社会资本反映了企业通过社会联系获取稀缺的或潜在资源并由此获得收益的能力。企业社会责任通过履行对关键利益相关者所期望的行为和社会规范，创建良好的企业声誉和信任关系，由此构建企业独有或独享的社会资本网络。这种基于企业社会责任构建的社会资本有助于企业降低交易成本、减少因信息不对称或不完全带来的风险，提升企业获取和配置稀缺资源的能力和效率，使企业能够超越竞争对手获得可持续发展。例如，履行社会责任的企业更容易获得投资者的青睐、供应商的信任以及政府的支持等。

（1）投资者的青睐。投资者更愿意把资金投入到有社会责任感的企业，因为研究表明有社会责任感的企业有更好的经营业绩以及更多的投资回报。而投资者的青睐，又进一步加强了这些企业的实力，促进其不断成长。例如：2001 年 7 月 10 日，伦敦股票市场推出了“环境稳定、股东关系良好、支持人权”为指标的道德指数后，投向有社会责任感公司的资金增加到以往的 4 倍。

（2）供应商的信任。无论是资金还是原材料或零部件供应者都愿意与信得过的企业打交道，但如何赢得供应商的信任？积极承担社会责任的企业因为自身创建的良好声誉以及与供应商之间的信任关系，能够与供应商密切合作，创造出对企业发展非常有利的外部环境（社会资本网络），其作用表现为三个方面：一是从时间经济性来看，有着良好沟通的合作双方能够比其他交易性关系的企业更快做出决策，由于时间的经济性，可以抢占市场先机而使企业赢利；二是从搜寻行为来看，合作企业对于超越规定的协议可以很好地执行而降低进一步搜寻的成本，更容易实现双赢局面从而提高企业竞争力；三是从关系专用投资来看，面临市场机遇时合作企业能够很好地整合资本和其他生产要素，创造发展机会甚至能够缓冲经营风险。例如：广药集团与加多宝公司发生法律纠纷时，凉茶的主要成分夏枯草种植户纷纷力挺加多宝公司。因为多年来加多宝公司一直扶植药农，在广药集团收回“王老吉”品牌后，加多宝公司用了不到 3 年时间成功在消费者心中实现了“加多宝”品牌的转换。这与加多宝公司多年来积极履行社会责任如捐资助学、抗震救灾中同利益相关者互动共赢形成的社会资本密不可分。

（3）政府与社区的支持。企业履行社会责任积极纳税而且参与政府关注的公共事务，与政府保持密切良好的关系，一方面能够树立企业良好形象，另一方面也可以帮助企业获得政府优惠的财税支持以及营造良好的政策环境，增强企业的凝聚力和竞争优势。另外，由于企业可以为经营所在的社区

提供就业因而可以带来社区的繁荣，积极承担社区责任的企业由于企业与社区的良好关系，社区同时也会为企业提供治安和基础设施等方面必要的保障，使企业生产经营活动得以正常进行。同时，社区居民文化素质深刻影响到企业员工的价值观，良好的社区环境和高素质人群是企业发展的有利条件。

（三）战略预见能力与公共政策影响力

战略预见能力是指企业对其环境变化及发展趋势、存在的问题以及发展潜力、企业内部优劣势及其转化的洞察能力、应变能力和预见能力。企业通过承担社会责任，可以预测顾客需求变化以及竞争对手的动向，从而可以针对性地决策配置资源的方式及其结构，提升企业资源效能和企业竞争力。

公共政策影响力是企业通过履行社会责任预期利益相关者的期望与要求，主动适应社会和环境的发展变化，进一步通过影响公共政策的制定来获取竞争优势的能力。这是一种稀缺的、不可模仿的战略影响能力，企业可以通过履行社会责任提升所处行业或地区的地位、影响力及号召力，最终使公共政策的改变与制定有利于企业自身。可见，标准与行业竞争规则的制定、相关法则法规制定的参与或改变的能力，是一个企业竞争优势最典型的反映。

例如，宝马公司在20世纪90年代末期，洞察到政府产品回收政策会引发汽车企业拆卸和回收的社会责任。因此，宝马公司率先与几家顶级拆卸公司签约作为宝马汽车公司的回收代理商；同时，公司在产品设计时考虑到可拆卸性要求，因而宝马公司向政府游说并引导公众将宝马公司的可拆卸标准作为行业标准。这样，宝马公司在履行社会责任的同时，实际上增加了后跟进同行竞争者的成本，大大获取了企业竞争优势。

（四）卓越的企业文化

Barney（2012）认为企业文化是企业可持续性竞争优势的来源之一，因为它具备社会复杂性、缄默性和路径依赖性等特点，从而是企业稀缺的、有价值的、难以完全模仿的和难以复制的无形资源。美国兰德公司花了20年追踪世界500家大公司研究发现，长盛不衰的企业都具有一个共同特点——树立超越利润的社会目标，不以利润为唯一追求目标。一般都遵循三条原则：人的价值高于物的价值；共同价值高于个人价值；客户和社会价值高于企业价值。这种优秀的企业文化中充分体现了社会责任的理念，积极承担社会责任的企业往往具有合乎伦理的远大目标和道德高尚的价值观，将会给企业带来一种奋进的力量。企业战略性承担社会责任可以将企业的社会责任行为从压力转化为动力，充分考虑利益相关者要求并与企业自身业务发展相结合，既有利于利益相关者又有利于企业，实现企业与利益相关者的双赢甚至多赢的目标。因此，企业社会责任的实质可以视为企业价值观的一种商业实践，独特悠久而有价值的企业社会责任文化，在为利益相关者创造价值的同时也为企业追求长期价值，这种在与利益相关者互动中产生的卓越企业文化，因其成因与运用的模糊性与复杂性，使得竞争对手难以模仿与复制，从而成为企业竞争优势的源泉。北京同仁堂公司秉承“炮制虽繁必不敢省人工，品味虽贵必不敢省物力”的百年古训，“同修仁德，济世养生”的企业文化在制药标准的“药德”中得到充分体现。虽然近年来市场环境低迷，企业成本节节攀升，但同仁堂公司坚持履行供应商、顾客、员工、投资者和环境等利益相关者的责任，将压力转化为企业发展的动力，在整体经济下行压力状况下同样实现了营业收入与利润的大幅度增长。

二、企业价值——机理表征

企业价值理念充分考虑资金的时间价值和风险与报酬的关系，在保证企业长期稳定发展的基础上，使企业总价值达到最大。企业价值的基本思想是将企业长期稳定发展摆在首位，并强调在企业价值增长过程中满足利

益相关者的需求，主要从以下几个方面来反映：①市场竞争能力；②抵御风险能力；③偿债能力；④获利增值能力；⑤资产管理能力。企业社会责任转化为企业竞争优势正是通过增加企业价值表现出来，主要体现在如下几个方面。

（一）创新与顾客价值提升

由于企业承担社会责任会更加关注利益相关者的需求变化以及所处商业生态环境的变化，通过对这些变化前瞻性的研究与分析，有助于企业发现新的未被满足的市场机会。这个过程实质是以市场创新、产品创新和服务创新的方法促进解决社会问题的同时提升企业的动态能力，通过整合内外部资源与能力，将创新所获得资源与能力市场化。也可以说，企业承担社会责任可以通过改善环境构成，创新产品和流程，以更低成本和新的市场机遇获得竞争优势，同时提升顾客价值。因为一方面，企业重新制定生产程序和预防污染以及原材料循环利用，可以为企业战略性地改变生产方式创造了机会，将革新转化为竞争优势；另一方面，改善环境绩效可以减少投入消耗，改善流程可以为企业直接增加收益，开发新程序可以把企业“废物”看成是可销售的潜在副产品，使产品更加吸引顾客，并提升顾客价值。因此，积极承担企业社会责任的企业，也容易通过环境管理体系认证，能够打入发达国家市场同时也可以使产品获得优质高价。例如 2005 年通用电气公司提出了基于社会责任的“绿色创想”战略，就将企业盈利与能源节约相结合，通过创新为全球企业提供了盈利性的环保解决方案，提升了企业顾客价值。2011 年通用电气公司“绿色创想”研发投入了 23 亿美元，当年产生了 210 亿美元的收入。可见，企业成长的源泉是顾客价值创新，基于社会责任的顾客价值创新是企业获得可持续竞争优势的价值表征之一。

（二）危机化解与自我恢复

荷兰危机管理专家 Rosenthal（1991）对危机的定义是：对社会系统的

基本价值和行为准则产生严重威胁，并在时间压力和高度不确定性情况下，必须对此做出关键决策的事件。Barton（1993）认为危机是“一个会引起潜在负面影响和具有不确定性的事件，其后果可能会对企业及其员工、产品、服务、资产和声誉造成巨大的损害”。我国危机管理专家薛澜等（2003）认为“危机”通常是决策者核心价值观念受到严重威胁或挑战，相关信息很不充分和事态发展具有高度不确定性而且需要快速决策等不利情境的汇集。有研究表明，企业积极对社会问题做出反应而且主动对其利益相关者履行社会责任，有助于降低危机发生的可能性。万一发生了危机事件，一般也能够有效化解和尽快平息，最大限度减少企业价值的降低。反之，如果企业无视社会责任的存在必将招致严厉的惩罚。例如，2008年爆发的含三聚氢胺的“毒奶粉”事件，使整个乳品行业都遭受了沉重的打击。究其原因，首要责任人三鹿集团由于在生产过程中没有履行对客户最基本的责任，而且在事件发生后也没有能够及时主动地承担起对客户生命安全的责任，以及缺乏对公众披露真实信息的责任。三鹿集团在已经发现产品存在重大质量安全隐患后仍然不及时召回，继续听之任之让其在市场流通，危害广大消费者的生命安全。最终真相大白危机来临之时，三鹿集团对消费者极端不负责任的行径最终逃不掉法律的严惩，不得不以破产告终，企业相关责任人也受到了法律制裁。三鹿集团的案例充分说明企业社会责任行为将直接影响企业危机处理，三鹿集团极端不负责任的行为直接导致了公司在危机发生时无能为力，只能破产清算。当然这起事件也暴露了我国乳制品企业在产品安全监控方面的严重缺失，不积极履行社会责任的企业在危机来临之时顿时手足无措，更不用说化解危机而走出困境了，因此在经济和声誉上都会受到重创而缺乏自我恢复功能。

企业只有注重履行对利益相关者的责任，将社会责任根植于企业文化核心价值观中，才可能减少或者避免出现产品或服务的重大危机事件。即

使出现在某个环节由于一时疏忽可能造成纰漏，但是如果能够积极主动承担起相关的一系列责任，还是会比较容易获得利益相关者的谅解与支持，能够比较顺利地渡过难关甚至化“危”为“机”，而不是让企业处于“万劫不复”的境地，缺乏强有压力抵御风险和进行自我恢复的能力。例如 1982 年美国强生公司在泰诺药片中毒事件中勇于及时承担自己的责任，首先考虑公众和消费者的利益，在最短时间内不惜花巨资向各大药店回收了所有数百万瓶药，并花费 50 万美元向有关医生、医院和经销商发出警报，最终强生公司顺利度过危机，很快夺回原来市场，并且获得了更好的声誉。

可见，积极主动履行社会责任有可能使企业减少危机事件发生的概率，即使是面对真正危机时刻，履行社会责任的企业与忽视履行社会责任的企业相比，往往更能获得利益相关者的同情理解与信任，能够化险为夷，甚至通过妥善的危机事件处理反而获得声誉和管理能力的提升，这也是体现企业竞争优势的市场价值的表征之一。

三、企业绩效——机理驱动

从竞争优势的层次性分析来看，企业绩效是企业竞争优势结果的最终表现。企业社会责任行为对企业与社会影响的最终结果也是企业绩效，包括经济绩效与社会绩效两个方面。而且，从文献研究来看，企业的经济绩效与社会绩效这两个方面也是企业进行社会责任活动最直接的驱动力量，因而在此定义为企业社会责任向企业竞争优势转化的驱动机理。不过，社会绩效所表现出来的一般是企业的非财务指标，反映企业未来持续盈利的能力，如品牌传播、员工和客户满意度以及创新能力等，最终可能会转化为经济绩效，也有可能不会，犹如前述企业的竞争优势不一定产生卓越的财务（经济）绩效。所以，在此不另外探讨企业社会责任对企业社会绩效的影响，而主要分析企业社会责任行为通过对主要利益相关者（先以消费者和员工为代表，再从整体上分析）的作用，最终对企业经济绩效的驱动机理。

（一）CSR—消费者驱动经济绩效

20世纪90年代以来，部分学者开始关注对企业财务绩效影响最大的利益相关者即消费者对企业社会责任的态度和响应。他们采用实验法、实地调查和问卷调查等方法来研究企业社会责任行为作用于消费者的效应，演绎出最终对企业绩效的影响。诸多研究证明，积极履行社会责任的企业可以增加消费者满意度和信任度，影响消费者对企业的评价和购买意愿，而产品的契合度、消费者的介入度、企业创新能力和产品质量等对上述影响具有中介调节作用。因此，企业社会责任通过对消费者影响的经济驱动机理如图3-1所示：企业积极的社会责任行为可以增加消费者满意度、信任度和认同感，消费者满意度会增加消费者购买意向，而消费者的信任与认同都会影响到购买意愿与对企业产品的感知和评价，进一步影响到消费者的实际购买行为和口碑传播效应（品牌美誉度），最终影响企业财务绩效实现经济绩效（利润）的增长。这种利益的获得还可以进一步反作用于企业的行为，促使企业继续甚至加大企业社会责任投入行为，使之成为一个良性循环。

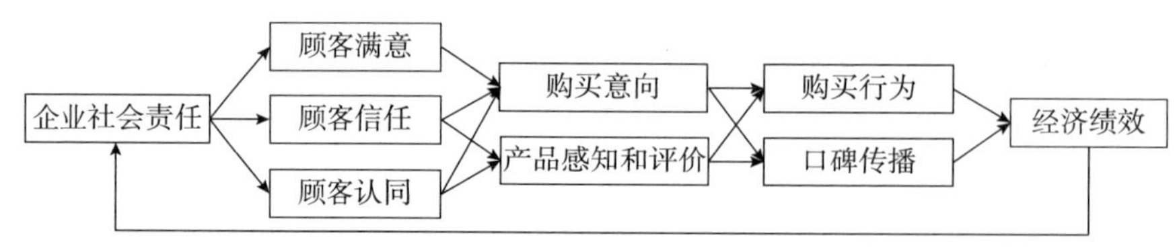

图3-1 CSR——消费者驱动机理

（二）CSR—雇员驱动经济绩效

众所周知，在当今时代吸引和保留优秀的人力资源是企业获得可持续竞争优势的保障。企业社会责任行为的重要表现之一就是企业对员工的工作安全、薪酬体系、职业生涯规划、福利和失业保障等方面特别关注。基

于社会认同理论，即人们对自己所属社会范畴的认识如工作的企业、参加的社团和所在的社区等，以及成员之间的关系会影响个人自我概念。企业社会责任行为能够为企业树立更加积极的企业形象，通过履行对员工的社会责任，可以使企业使命、愿景和价值观等能够得到员工的认同，员工对企业价值观的认同会影响其工作态度进而影响到雇员的满意度和忠诚度，最后在一定程度上影响员工的工作绩效，员工的工作绩效直接影响企业的生产绩效。一些学者通过实证研究得出：企业社会责任活动能够吸引高素质的人才从而使企业获得竞争优势。Turban 和 Greening 对以往学者的实证研究结论进行回顾，发现有良好社会责任表现的企业比提供待遇更优的企业更能吸引求职者，潜在求职者的意向与其感知的企业形象相关，有环保意识的雇主更具有吸引力。同时研究证实了那些在社会责任表现得分高的企业其声誉也会更加良好，对潜在求职者的吸引力更大。如图 3-2 所示，企业社会责任行为对员工驱动经济绩效的机理是：企业社会责任行为会影响到企业形象及声誉和现有员工的忠诚度及工作绩效，这些不仅直接关系到企业的经济绩效，同时企业形象及声誉和企业市场业绩表现本身都会直接影响潜在求职者的求职意向，表现好的企业在人才市场对人力资本的争夺中会更加具有竞争优势，大大增加了企业选择雇员的主动权，吸引到素质高以及“性价比”高的员工，进一步促进企业经济绩效的提升。企业经济绩效的提升反过来也会促使企业加大对企业社会责任行为的投入，形成一个良性的循环。

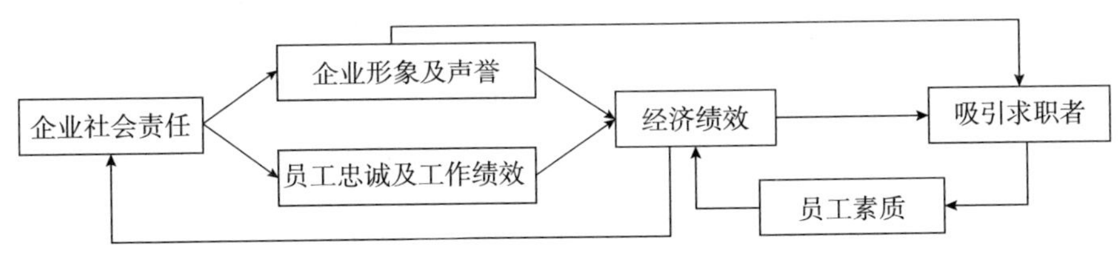

图 3-2　CSR—雇员驱动机理

（三）CSR—利益相关者驱动经济绩效整体框架

企业的利益相关者从范围上来分，可以分为外部利益相关者和内部利益相关者两个部分。外部利益相关者主要有消费者、政府组织、非政府组织（NGO）和社区、供应商以及竞争对手；内部利益相关者主要有企业家、股东和雇员等。他们各自通过自己的力量与方式对企业施加压力和影响，驱动企业积极履行社会责任。例如：企业消费者和员工的社会责任由于提升了企业的经济绩效，同时使企业家和股东意识到企业承担社会责任会对企业长期利益具有促进作用，从而更加乐于积极主动支持经营者践行社会责任活动。企业的主要竞争对手如果通过自身社会责任行动使消费者偏好于竞争对手产品或服务的选择，会对企业形成示范与学习效应，同时也是一种压力使企业不得不承担不低于竞争对手的社会责任投入，使其保持可持续竞争地位。总体上看，政府与非政府组织、社区、供应商和竞争者等群体通过不同途径“推动”企业实施社会责任行为，而雇员、消费者、企业家和股东等则通过促进企业经济绩效的提高“拉动”企业履行社会责任。如图 3-3 所示，企业在与其生存发展密切相关的利益相关者推动和拉动的共同作用下，积极履行社会责任并将其转化成竞争优势而获得可持续发展。当然，值得注意的是要使企业积极主动履行社会责任不能忽视两个关键环节：一是通过企业员工的社会责任提高员工忠诚度实现企业生产效率，二是通过企业消费者社会责任提升消费者忠诚度实现企业经济绩效。正是这两个核心利益相关者对企业承

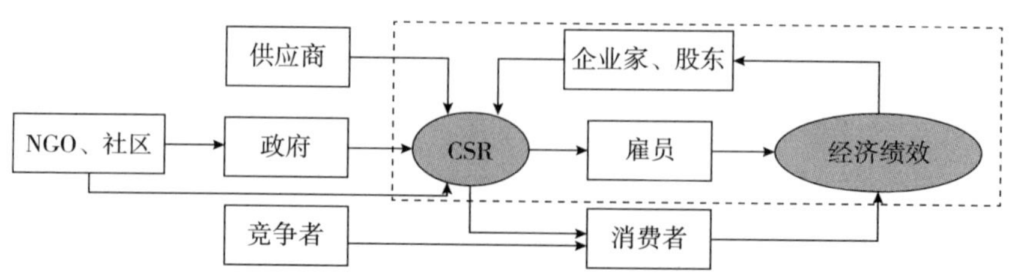

图 3-3　CSR—利益相关者驱动机理整体框架

担社会责任的诉求，驱动企业家和股东主动地履行社会责任，最终实现社会整体利益的提高。

第三节 企业社会责任向企业竞争优势转化的模型构建

综上所述，基于企业竞争优势的多层次性与多维度性，企业社会责任活动向企业竞争优势的转化也分为多条耦合进路。如图 3-4 所示，企业社会责任向企业竞争优势转化的模型构建先从企业竞争优势的多层次构成入手，分为资源与能力优势、价值优势和绩效优势，这三者之间还存在一个层次递进的逻辑关系，即沿着竞争优势的来源（资源与能力优势）→竞争优势的价值表征（价值优势）→竞争优势的绩效结果（绩效优势）的轨迹层层推进，而且企业卓越的绩效会促进企业进一步加大投入获得更优越的资源和能力以保持竞争优势，开启一轮新的竞争优势的演进过程，形成竞争优势不断进化的良性循环。有鉴于此，企业社会责任向企业竞争优势转化时，大量的文献研究表明无论转化为何种形式，两者之间的契合点与耦合进路主要表现为企业的资源与能力、企业的价值与企业的绩效。因此，笔者认为这三个方面就是企业社会责任行为向企业竞争优势转化途径与转化机理，最终理想的转化结果（企业竞争优势提升）会进一步影响企业社会责任行为的选择，即接受或强化企业社会责任行为，为企业获取可持续竞争优势。当然，企业社会责任行为并不会自动转化为企业竞争优势，它需要一系列的转化条件，譬如基础条件、制度条件、内部条件和信息条件等，实际上这些条件也是关于企业社会责任向竞争优势转化效应的影响因素。

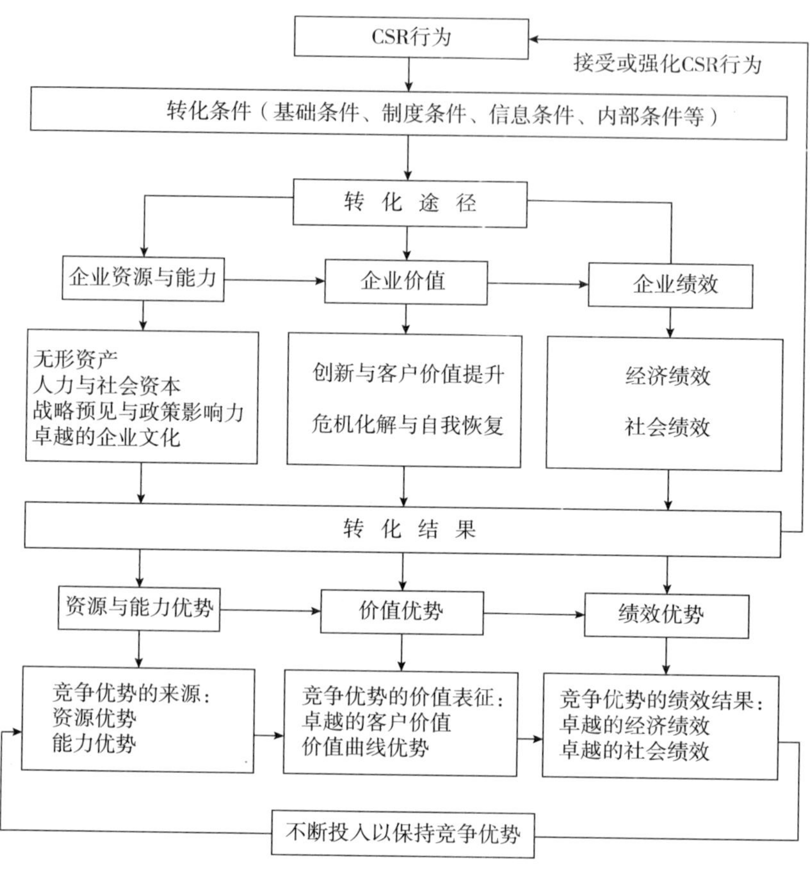

图 3-4　企业社会责任向企业竞争优势转化的机理模型

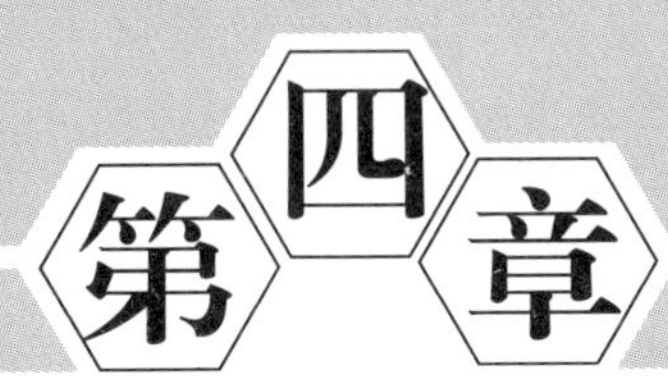

企业社会责任向企业竞争优势转化的条件和影响因素

第一节

影响企业社会责任履行的因素

在实践中，企业履行社会责任与否、履行的程度如何通常与多种因素相关。目前，学者们有从不同层面进行研究的，也有从不同作用性质进行研究的。无论是从哪种角度研究的影响因素，大多内容都是影响企业社会责任向企业竞争优势转化的条件和影响因素。因此，在具体探讨企业社会责任向竞争优势转化的条件和影响因素之前，先探讨企业社会责任履行的影响因素。

首先，从不同层面研究的影响因素。目前国内学者们主要从宏观、中观和微观三个层面对企业社会责任履行的影响因素开展研究。

（1）宏观。周中胜等（2012）通过多元回归模型分析了制度环境对企业社会责任履行的影响，结论是：要素市场越发达的地区、法律环境越完善、政府对经济干预程度越低，企业社会责任履行状况越好。李彬等（2011）通过结构方程模型研究了不同制度压力对企业社会责任履行影响的程度，发现制度规范压力影响最大，认知压力次之，规制压力影响最小。谢文武（2011）具体研究了公司外部治理环境对企业社会责任履行的影响，认为企业社会责任履行受到法律、政府的影响，外部治理环境越完善，企业社会责任履行程度越好。

（2）中观。黄伟和陈钊（2015）认为外资企业供应商通过供应链压力对企业社会责任表现有积极影响；杨忠智等（2013）发现行业竞争属性对企业社会责任履行有影响，垄断程度高的行业履行社会责任的程度优于竞

争程度高的行业；陶莹和董大勇（2013）认为政策导向报道、积极正面报道对企业社会责任履行有显著的影响。

（3）微观。张兆国等（2013）、尹开国等（2014）研究发现当期财务绩效对当期企业社会责任有显著正向影响作用；林丽阳等（2013）从股权结构的角度认为促进企业履行社会责任的主要因素是企业股权结构，而董事会及高管特征等对企业社会责任履行影响较小；冯丽丽等（2011）认为企业性质是重要的影响因素，相对于非国有企业，国有企业更加注重社会责任的履行。

其次，通过问卷调查的方式，从企业经营者的角度，探讨影响企业社会责任履行的积极因素和消极因素。从高到低排序积极影响因素主要有：①提升企业品牌形象；②为社会发展做贡献；③获得政府认同；④建立持续竞争优势；⑤树立企业家个人形象；⑥实现企业家个人价值追求；⑦更好地创造利润；⑧减低法律风险；⑨更好地为消费者创造价值；⑩应对社会舆论压力；⑪应对竞争对手的压力。从高到低排序消极影响因素主要有：①企业经营困难；②企业经营者的素质低；③缺乏良好的社会诚信环境；④相关部门没有履行好自己的职责；⑤恶性竞争；⑥主管部门中存在腐败；⑦企业社会责任教育培训不够；⑧对违法违规企业惩罚不够；⑨同行中违法违规行为的负面影响；⑩监管部门监督不力；⑪公司治理结构不健全。

综上所述，笔者认为影响企业社会责任履行的因素应该从经济、制度和伦理几个方面去理解和把握。

一、实现企业利益是企业履行社会责任的原动力

“人们奋斗所争取的一切，都同他们的利益有关”，利益是行为主体存在和发展所需要的条件之和，人类社会的各种关系都是以一定的利益

为基础。利益包括物质利益和精神利益，物质利益是最基本的利益。对于行为主体，利益可分为长远利益和短期利益，自我利益和他人利益。利益的这些特性使主体常常面临各种选择，正确认识和处理各种利益关系是行为主体生存和发展必须面对的问题。责任是对利益关系的一种协调，在责任与利益协调的关系过程中，对利益的追求是履行责任的原动力，利益的实现以责任的履行来保证。因此，不负责任的行为虽然可能带来短期利益，但是无法确保利益的长久。在企业社会责任活动的实践中，应该注意两种情况：一是不能以道德责任的崇高性为借口，强迫企业行为主体超越自身能力去承担有关的责任；二是企业行为主体不能片面强调利益的绝对性，而拒绝承担自己应该承担和履行的社会责任。强调企业利益是履行社会责任的原动力但不能以此作为和纵容企业违法的借口，笔者发现，现实中有些企业尤其是在初创时期的企业，可能会采用一些危害社会的方式换取企业利益，其借口是只有采用这种非道德甚至是违法犯罪手段才能生存。

实现企业利益是履行企业社会责任的原动力，实质上是指企业履行社会责任的内在动因之一——经济动因。国内外大多数学者都认为，经济利益的追求是企业履行社会责任的主要动因，企业履行社会责任的首要目的是获取经济利益，提升企业竞争优势。目前虽然对于企业社会责任与企业绩效之间的关系尚未得出一致结论，但大部分学者认为企业社会责任与企业绩效是正向相关的。企业社会责任行为对企业财务绩效有直接或间接作用，企业社会责任行为能够显著提高企业财务绩效；同时，良好的财务绩效也会进一步能够增强企业社会责任活动。Preston 和 Sapienza（1990）研究发现，企业在社会责任行为表现不仅与企业前期的财务绩效紧密联系，也与当期财务绩效紧密相关。

二、良好的社会环境是促进企业承担社会责任的最强外力

社会环境是指在一定的社会结构中，社会运行所依赖的文化习俗、道德规范、法律制度以及这些功能发挥所产生的效应。良好的社会环境是指社会自身具有化解各种不良行为以及后果的功能，主要体现在三个方面：第一，健全的法律制度和有效的护法行为，这种健全有效的法律制度会产生威慑性社会压力。第二，具有广泛而有活力的社会组织，这些社会组织能够在内部以自治的方式有效规范成员行为，也可以从外部对社会组织或个体行为进行密切注视并监督，形成一种有效的社会监督压力。第三，现代人文精神和道德规范构成市场经济活动主体内在的精神压力。对企业来说，良好的社会环境意味着不负责任的企业行为将无法保证经营活动正常进行，而积极履行社会责任的企业将会寻求到更多的发展机会和平台，获取更多的资源与能力，企业竞争优势进一步提升。近年来，跨国公司在我国的诸多行为证明了良好的社会环境在促进企业履行社会责任方面所起的重要作用。很多国外的跨国公司在本国都是积极履行社会责任的典范，但一进入中国就敢跨越底线为追求企业利益铤而走险，其中最主要的原因在于我国目前还没有形成企业履行社会责任的良好外部环境，缺乏强有力的威慑监督压力以及惩罚机制。

良好的社会环境实质就是在制度方面影响企业社会责任的履行，因为企业通常是在既定的制度环境下作出行为选择的，不可否认的一个事实是，当前很多企业实施社会责任活动大多是外部制度环境施加压力所致。通常来说，相关法律、法规和政策以及相应的管理机构和监督机构构成了推动企业履行社会责任的制度因素。Campbell（2007）研究发现制度因素在企业社会责任行为和企业绩效的关系中具有显著的调节作用；周中胜等

（2012）从政府干预、法律环境和要素市场三个方面，检验证实了完善的制度环境能够为企业履行社会责任提供约束机制和动力机制。设计合理的社会责任制度体系和提供良好的社会环境，可以提升企业社会责任的整体素质。

三、良好的道德素质是企业履行社会责任的内在力量

道德是人的一种认知，也是处理人与世界关系的一种能力，体现为主体的一种素质。人类行为并不总是被动适应外界环境。人作为一种理性存在，更重要的是能够在世界认知基础上自觉行动，当人的这种自觉行动符合事物发展规律和人类对善的认识，那么它就是道德的。在社会实践活动中，道德素质的高低对活动的性质、目的产生直接重要的影响，甚至决定活动的成败。如果主体具备良好的道德素质，在社会活动中就会自觉按照客观规律以及人类对善的期望而行动，尽可能促使活动向好的方向发展，反之则反。良好的道德素质是人类的一种德行，德行会使人类显得崇高而伟大，因为德行的力量能够克服物质、情感和欲望的诱惑，使人类按照理性来生活，在人类社会实践活动中，能够战胜本能的、自私的、狭隘的"我"，而成为一个自由和有尊严的"我"。对于企业来说，就是企业家、股东或经营者能够正确意识到企业行为的社会意义，妥善处理好企业利益与社会利益的关系，积极主动承担社会责任而不需要任何强制性外力。

道德素质实质是影响企业履行社会责任的道德伦理方面的动因。企业伦理理论认为，企业作为社会重要主体之一，和社会之间存在着隐性的契约关系，企业的行为应该符合社会基本伦理规范，与社会环境协同均衡发展。企业履行社会责任不管是否能够给企业带来经济利益，也不管企业财务状况如何，企业都应该承担相应的社会责任。企业伦理反映企业的价值观和道德取

向，企业只有具备“做正确的事”和“做应该做的事”的伦理认知时，才真正具备履行社会责任的内在驱动力。虽然目前在市场经济条件下，赢利仍然是企业最原始的发展动力，但不可否认，伦理动因也已经成为推动企业社会责任行为的重要力量。尤其是在当前我国企业履行社会责任的制度动因还不完善的情况下，伦理动因成为影响推动社会责任行为的重要力量。因此，在信息传播迅速的网络时代，企业的生存和发展都面临着巨大的舆论压力，企业想要实现基业长青的发展目标，应该积极培育履行社会责任的伦理认知，充分发挥高管价值观、公司治理和企业文化的积极作用，使企业把履行社会责任当成一种自觉行为，积极主动承担相应的社会责任。

四、企业性质与企业履行社会责任的关系

我国企业在履行社会责任的实践活动中，存在着一种社会责任大企业化倾向问题。也就是说，不少人认为企业社会责任是大企业的事，与中小企业无关。其原因在于大企业多属国有企业，它们掌控着国民经济的命脉，具有雄厚的经济实力，有能力也应该承担社会责任；但众多中小企业多属于民营企业，经济实力相对较弱，不需要承担社会责任或者承担社会责任有一定的困难。这种问题的实质就是认为应该以企业性质和企业经济实力的大小来决定是否承担社会责任，这是对企业社会责任行为的一种片面理解。企业不论企业规模大小，经济实力强弱或是归谁所有，都应该尽到作为社会角色基本的责任，否则企业活动会由于不能遵守最基本的道德规范和法律要求而被迫中断。企业社会责任活动与企业性质和实力没有直接联系，不能认为私营企业或实力弱小就允许制假售假、侵害员工、随意排污。企业社会责任的高层次内容是对至善的追求，企业可以自由决定履行的范围和程度。企业性质对我国企业来说可能同时意味着企业实力的强弱，它是社会责任承担程度和大小的一个重

要条件，但不是确定企业是否承担社会责任的根本依据，仅说明国有大企业广泛的社会影响力和经济实力为履行社会责任提供了各种有利的条件。在企业实际履行社会责任过程中，既要防止以企业性质为借口拒不承担社会责任，也要防止不恰当地夸大社会责任的经济效应，给众多中小企业造成困扰。虽然在我国诸多学者的实证研究中，发现企业社会责任行为与企业性质紧密相关，但需要摒弃企业性质与是否履行社会责任相关的观点，这两者之间不是同一回事。

通过以上履行企业社会责任的影响因素和本书第三章机理分析可以得知，在整个转化过程中存在几个关键之处。第一，转化的途径分为多个维度，不同维度之间还存在逻辑转化关系。第二，企业社会责任转化为企业竞争优势与众多因素相关，这说明了转化的实现需要一定的条件。第三，企业获得竞争优势之后将会强化社会责任行为，使之形成一个良性循环，在这种良性循环作用下，企业社会责任行为才能持久；否则，企业将会失去与企业社会责任行为相关的竞争优势以及利益。

企业社会责任行为向企业竞争优势转化的条件与影响因素，既包括微观企业主体行为方面，也包括中观企业特征方面，更是与宏观的社会和制度方面的条件相关。笔者认为，企业社会责任能否成功向企业竞争优势转化，不仅取决于企业内部的各种条件和因素，同时也与企业外部（环境）息息相关，因此，企业社会责任向企业竞争优势的转化实质是企业内部因素与企业外部条件耦合推进的过程。这两种之间是一种相互依赖、相互协调和相互促进的动态关联关系。有鉴于此，下面主要从企业外部环境因素与企业内部条件两方面分析企业社会责任向企业竞争优势转化的条件与影响因素。

第二节

企业社会责任向企业竞争优势转化的外部条件与影响因素

一、责任市场的存在是转化的基础条件

企业社会责任能否成功转化为企业竞争优势，不仅取决于社会各界是否希望企业实施企业社会责任行为，更在于企业的利益相关者是否把企业社会责任作为他们决策时的重要依据，即责任市场是否存在。根据鞠芳辉等（2005）的研究，责任市场主要是指消费者对企业社会责任的敏感性从而影响购买行为形成的一种市场氛围，即消费者哪怕多支付一些钱也愿意购买社会责任口碑好的企业的产品市场情形。根据前面的分析可知，影响企业履行社会责任的主要有经济的、制度的和伦理方面的因素，但经济动因是企业实施社会责任行为最根本的内在动力。企业社会责任行为经济利益的获得需要通过利益相关者的行为为企业获得资源或能力优势，譬如公益性的社会责任行为通过企业声誉或积极的形象来影响企业竞争优势，而声誉和形象的建立与作用的发挥必须靠利益相关者行为的支持，如消费者的购买行为和雇员的雇主选择行为和忠诚行为等。例如：Mohr 等学者研究认为影响企业社会责任行为选择的主要变量是消费者对企业社会责任的敏感度和消费者对企业社会责任产品的偏好强度。消费者越是把社会责任因素作为购买决策的重要变量，企业社会责任行为对销售的影响就越大，企业就越有可能采取社会责任行动。同理，个人或机构投资者在寻找工作或寻求投资时，如果将企业社会

责任作为决策的重要依据，这必然会增强企业承担社会责任的压力。因此，责任市场的存在实质上是企业利益相关者通过对企业施加压力，并对企业各种社会责任行为做出积极的回应，从而促使企业能否获得与社会责任相关的优势和利益，最终提供企业承担社会责任的原动力。因此，责任市场的存在与否，决定了企业实施社会责任行为压力和动力的大小以及绩效效果。因为如果责任市场不存在，企业无法通过利益相关者的回应而获得相应的竞争优势，也不能进一步影响绩效效果。而企业财务绩效决定企业能否不断提供承担社会责任的资源，如果责任市场缺乏，对于趋利性的企业而言，在外界压力下承担企业社会责任的行为很难持久。

二、公平的竞争环境是转化的制度保障

企业必须嵌入相应的制度环境并与之契合才能更好地生存和发展，企业的任何经营行为和社会行为都是在一定的制度下进行的，企业的社会责任行为也会受到相关制度的制约。因为制度的功能在于抑制行为主体在交易过程中可能出现的机会主义，并对违规行为进行惩罚与约束，从而保护个人利益不受侵犯，预防和化解冲突的发生。当法律法规等制度不完善时，企业可能会为了追求自身更大的利益将成本转嫁给社会或他人，而利益相关者也无法根据已有的法律维护社会和自身的利益，因此，制度的缺失会造成企业不承担社会责任也不会受到正式和非正式的惩罚和管制，可以因转嫁相关的生产成本获得更多的利益，这将导致与那些积极履行社会责任企业之间的不公平竞争。但是，如果建立了健全的法律监督制度，政府、行业协会和民间组织、社会媒体等会对企业的经营行为进行严密的监督，对于不履行相应社会责任的企业会受到政府管制和惩罚，企业的利益相关者也能够有力地对企业不负责任的行为进行抵制和反对，这样，管制和抵制都因增加企业成本使其在市场竞争中处于劣势地位。企业社会责任

行为在多大程度上真实可靠，取决于一个企业所在的社会和制度在多大程度上进行伦理回报。因此，公平的竞争环境可以凸显企业社会责任对企业竞争优势的积极影响，保证企业获得与社会责任相关的竞争优势。

三、社会责任披露和监督反馈是转化的信息条件

外部利益相关者对企业的反应是基于他们已知的各种信息，在企业内外部信息不对称时，企业把社会责任披露作为一个“信号发送”手段传达给利益相关者，达到增强企业社会责任声誉效应的作用。众多学者也证实了社会责任信息披露能够帮助企业创造企业竞争优势，是企业社会责任向企业竞争优势转化的一种信息条件。例如，Hooghiemstra（2000）研究认为社会责任披露是塑造企业形象或增强声誉的桥梁，作为“一种公关工具”可以影响人们对企业的看法，协助企业创造竞争优势。在没有信息披露的情况下，企业通过社会责任投资活动实现声誉价值是十分困难的。Hasseldine 等（2005）学者证实环境信息披露在利益相关者中建立环境声誉有着很强的影响。

除了企业社会责任披露信息，还有另外一个非常重要的方面——监督反馈信息。佩因认为信息自由流动是企业社会责任行为转化为经济利益的必要条件之一，只有具备有效的监督反馈系统，利益相关者才能推动企业履行社会责任，遏制企业不负责任的行为。因为在有效的监督反馈系统下，利益相关者通过社会舆论可以迅速准确地掌握企业社会责任行为的信息，避免企业为维护自身利益而有所隐瞒。广泛的利益相关者网络其监督力度是非常强大的，譬如通过各种媒体对事件进行报道和评论，可以更好地督促政府相关部门和行业组织对不承担社会责任的企业增加压力并实施管制，给承担社会责任的企业以经济回报。但是如果缺乏监督和有效的信息反馈系统，企业利益相关者无法对企业行为产生相应的反应，那么对企业的声誉和销售等可能没有任何积极作用，还有可能因法律制度不完善最

终引发“劣币驱逐良币”的现象。这种情形将会导致更多的企业不愿意去承担社会责任，甚至出现越是承担社会责任多的企业越可能被市场淘汰，而不是因承担社会责任而获得竞争优势。

四、企业社会责任向企业竞争优势成功转化外部条件的完善

以上这些因素都是企业社会责任活动成功向企业竞争优势转化的条件，如何完善这些条件对于我国企业实施社会责任活动有着重要的意义。

首先，政府要尽快建立健全相关的法律法规。目前我国企业在实施社会责任活动时，企业只能参照个别法律法规和行政性文件，如劳动合同法、消费者权益保护法、环境保护法和公益事业捐赠法等法律法规，缺乏系统的法律约束。因此，政府相关管理部门应该尽快建立健全相应的法律法规，明确企业对自身各种利益相关者的责任，从制度体系上确保企业能够积极主动承担社会责任。随着我国法制化程度的提升，对于企业社会责任方面的问题也应该以法治化思维进行审视，在当前我国规范企业社会责任相关法律法规滞后经济发展需要的情况下，蒋建湘（2010）提出，企业社会责任的落实和发展应该发挥国家强制力作用，在条件允许时尽可能扩大法律化范围，把企业社会责任理念融入相关的法律体系中，甚至制定《企业社会责任法》，司法部门同时加强宣传和执法监管力度。对此国资委研究局副局长楚序平（2014）提出了三个方面的具体建议：第一，制定《企业社会责任法》，明确社会责任内涵与相关违法责任等问题；第二，修订《公司法》，明确利益相关者各自的权利和义务；第三，完善环境保护制度，把生态效益等指标纳入评价体系。有鉴于此，企业管理层和全体员工应该全面提升社会责任意识，将社会责任融于依法治企的战略之中。

其次，政府加强对企业的监管。在市场失灵情况下，政府作为社会治

理的主体之一，政府监管有助于企业社会责任活动的落实。政府监管部门制定社会责任评价体系并进行科学评价实际状况，定期向社会公众披露和公布。与此同时，对于相关考核结果对组织和个人进行奖惩处理。在《关于中央企业履行社会责任的指导意见》中，国资委对央企社会责任首次提出明确要求，并对央企负责人在社会责任考核方面作出明确规定。

最后，完善行业和社会监督体系。众所周知，企业形象和声誉是企业社会责任活动成功向企业竞争优势转化的重要机制，从而构成了企业实施社会责任的重要“软约束”条件。众多学者研究证实企业社会责任信息披露与企业财务绩效存在相互促进关系，媒体关注度在两者关系中发挥中介作用。在信息高效传播机制下，企业社会责任缺失行为将会被公众广而告之，企业利益相关者可以采用“用脚投票”的方式，拒绝支持企业。目前，我国还缺乏行之有效的企业信誉衡量的标准，市场约束和监管机制也不健全，导致企业履行社会责任的压力和动力不足。在实践中，应当加强全方位的监督作用，譬如行业协会应该制定相应的标准并进行监管，营造企业自发自觉履行社会责任的大环境，社会各团体及媒体也应该加强社会责任事件的广泛宣传和监督作用。

第三节 企业社会责任向竞争优势转化的内部条件与影响因素

一、企业社会责任行为

企业社会责任行为反映的是企业对社会责任的态度和动机，企业社会

责任行为方式的选择和战略决定其可模仿的程度和价值大小，因此是影响企业社会责任向企业竞争优势转化大小非常重要的因素。一般来说，企业社会责任行为可以通过捐赠方式外包，也可以将企业社会责任行为融入企业经营业务而内部化，还可以通过与政府或非营利性组织等合作进行。但是采用不同的承担形式与方式，对企业竞争优势的影响和效果会有很大的差异。如果是捐赠方式，竞争对手会很容易模仿，企业也无法对资源进行控制与分配；如果将企业社会责任活动内部化，例如为了保护环境或维护消费者利益而对生产工艺或产品进行改进，使生产程序或产品更加高效和新颖，从而具有很强的不可模仿性；如果是采用合作方式，企业可以根据自身的特征对社会责任行为进行调整使其他竞争对手无法很快复制。总之，越是竞争对手难以模仿或复制的社会责任履行方式，越会给企业带来独特的形象，也越能够获取更多的竞争优势和更大的利益。另外，如果企业想要获取社会责任活动可持续竞争优势，应该将其纳入企业战略和日常经营活动中，将其作为战略决策等活动一部分。这样，企业以自身以及社会各利益相关者的利益作为行动决策的指导思想和依据，将社会责任理念融于企业文化和企业经营中，对企业利益相关者产生持久、广泛和深远的影响，而竞争对手在短期内是无法重塑和改变自身企业文化的，也无法模仿和复制企业战略和行为。反之，企业社会责任行为则是短暂的、零散的和不系统的，竞争对手很容易模仿，将很难为企业带来可持续竞争优势。

由此可见，企业社会责任采用行为类型的不同对于企业竞争优势的影响是不一样的，下面具体分析不同社会责任行为对于竞争优势的影响。根据眭文娟等（2012）的观点，企业社会责任行为的选择是企业对于社会责任活动的一种决策，这一决策反映出企业对社会责任的态度和动机。一般来说，企业对于社会责任的态度体现为“无行动—被动回应—自我调适—主动介入—全部接纳”的过程，那么在社会责任行为方面主要表现为强制性 CSR 行为、回应性 CSR 行为、战略性 CSR 行为以及完全利他性 CSR 行为，四类 CSR 行为的具体含义见表 4-1 和以下的分析。

表 4-1　CSR 行为分类及其主要特征

行为分类	主要特性			企业态度
	对待 CSR 的态度	承担 CSR 的动机	对组织目标的影响	
强制性 CSR 行为	无行动—被动反应：满足外部环境如市场、国家政策、行业规范、社会道德和突发事件强制性要求	寻求合法性：希望获得社会的认可，努力与社会已有规范、价值观和理念保持一致	降低外部约束的影响：致力于消除强制性约束对企业经营活动的负面影响	无行动 ↑
回应性 CSR 行为	被动回应—主动调适：承担一定的 CSR 以满足社会期望，针对性地回应社会需求的变化	满足社会期望和社会需求：提高声誉，以减轻企业商业活动带来的不利影响	加强现有价值的保护：注重企业短期行为与利益相关者需求以及社会价值保持一致	被动反应
战略性 CSR 行为	自我调适—主动介入：将 CSR 与企业的核心战略相整合	寻找竞争优势和识别机会：改善经济绩效以及获得持续竞争优势	促进未来价值的创造：促使企业识别机会，专注于投资创新和长期竞争力	自我调适
完全利他性 CSR 行为	全部接纳：自愿参与非强制性的、非法律或伦理要求的各类社会活动	展现组织的认知和意识形态：自愿对社会进行补偿或做贡献，实现企业价值或企业文化	重新审视与社会之间的关系：实现外部性效应内部化，促进社会的和谐发展	主动介入 全部接纳 ↓

资料来源：眭文娟、谭劲松等．企业社会责任行为中的战略管理视角理论综述［J］．管理学报，2012（3）：346.

（一）强制性 CSR 行为

强制性企业社会责任行为认为企业社会责任行为的产生主要来自于外部环境的强制性，表现出对于社会责任活动的一种被动反应，主要体现为经济、法律和制度环境的强制效应。以 Smith 为代表的经济学家认为企业是一个超道德的实体，它的主要目的是盈利和提高股东收益。Jones 采用博

弈模型将企业社会责任行为看作是一个重复参与交易的过程，从效率的角度出发认为企业之所以承担社会责任是因为这会使企业更加有利可图。新古典经济理论认为企业承担社会责任是企业在履行与社会之间的隐形契约，是向社会传递一种信号即可以获得现实或潜在交易者的信任，降低交易费用获得收益。从制度经济学看，企业社会责任行为是一种制度安排，包括正式的和非正式的一系列约束机制。

可见，强制性企业社会责任行为认为经济、法律法规、制度等外部环境都对企业的行为具有强制影响力，例如企业要为股东创造利润，为市场提供产品或服务，为社会提供就业，执行政府政策并依法纳税等。总之，努力寻求企业的政治、制度和社会合法性，希望获得社会大众广泛的认可和支持。此外，强制性企业社会责任行为还包括企业在面对公众舆论和突发事件时的具体行为。与此同时，强制性企业社会责任行为除了表现为企业组织层面的影响，也对企业经营者个体层面有影响从而进一步影响企业组织层面的行为。Donaldson 等认为现实中，出于道德意义上的责任会促使经营者去做“正确的事情”，而不仅仅考虑这种决定是否影响企业财务绩效。也就是说，随着企业经营者任职时间增加，对组织的认同感不断提升，意识到企业利益与所有利益相关者的利益是紧密相连的，他会将个人形象与企业声誉整合起来，从这个层面来看，有效的企业社会责任行为取决于经营者对外部环境要求的回应和采取的相应措施。

（二）回应性 CSR 行为

回应性 CSR 行为认为，虽然强制性企业社会责任行为对企业行为有一定程度的约束，但其影响范围毕竟有限，不可能面面俱到，更不可能规范企业所有的行为都符合社会期望。但是社会期望企业不仅应当承担一定的社会责任，还应当积极地回应社会期望的变化和提升，应该将企业的行为与社会价值保持一致。Freeman 提出了利益相关者理论，认为经营者不仅仅只对股东负责，还应该满足其他利益相关者的需求。Donaldson 等拓展了这一理论，认为一个有社会责任心的企业应该关注和平衡各方利益，而不仅仅是追求股东利益最大化。随后，Clarkson 建立了一个基于利益相关者理论的分析框架，认为企业的利益相关者分为主要的和次要的利益相关者。Waddock 指出，随着社会的发展和进步，企业应注重广义利益相关者需求，譬如生态环境组织、工会组织、劳动者权利组织以及人权组织等。可见，社会回应是企业对社会压力的反应能力，回应性企业社会行为主要从外部环境影响企业社会价值，社会回应不能替代社会责任，即企业可能一边回应社会压力，一边仍做着不道德的事情。Sethi 认为，企业以一种防御性和回应性的态度对待社会需求，他将企业积极回应社会需求与企业承担社会责任混为一谈，认为通过测量企业实际行为与公众预期之间的差距可以衡量社会回应。Salazar 等在 Sethi 理论的基础上从福利经济学角度认为 CSR 是企业对市场外部性活动回应的义务，因为面对复杂变化的外部环境，企业社会责任行为也应该有相应变化。对此，Carroll 构架了“企业社会表现（CSP）三维概念模型”，该模型包含企业社会责任类别、社会议题和社会回应的测量，他认为完整的企业社会表现是一个涵盖各种责任的整体概念，应该包括经济责任、法律责任、伦理责任和慈善责任。Wartick 等对 Carroll 的理论进行了拓展，提出了企业社会投资这一概念（包括社会责任的原则、社会回应的过程和议题管理的政策三个方面）。后来，Wood 对这一理论进行了改进，提出了 CSP 研究中最具代表性的模型，模型由三个方面组成：①表现在制度、组织和个体三个层面上的 CSR 原则；②企业社会回应的过程；③企业行为的结果。Wood 强调，改变 CSP 意味着转变企业行为的原则，使企业在经营活动过程产生更多对社会和民众有益的结果，这一模型被评价为满足社会期望最完善的模型。此后，Swanson 在此模型中整合了商业伦理，扩大了模型在企业社会责任研究中的适用性。另

外，Meyer 等将外部效应与企业社会责任研究相结合，提出企业主动的、持续的外部效应内部化可以衡量企业社会责任的真实水平。进一步从动态角度指出，企业应该提高社会表现战略来应对外部效应规模扩大、外部效应感知增强以及民众敏感性提高的要求，并由此来选择合适的 CSR 行为。因此，从这个意义上说，回应性企业社会责任行为就是要不断满足社会期望、不断与变化的外部环境动态匹配的过程。

（三）战略性 CSR 行为

战略性企业社会责任行为最早由 Baron 提出，它是企业内外部环境共同作用下企业主动的行为。早期战略性企业社会责任行为理论重点关注企业如何整合内部资源，将企业社会责任转变成竞争优势来应对外部环境的变化。例如，Wernerfelt 认为基于资源依赖理论可将企业社会责任行为看成企业潜在的资源和竞争能力。Hart 将资源基础论引入企业环境社会责任，认为企业环境社会责任可以构成一种资源或能力，并为企业获取持续竞争优势。Reinhardt 认为如果企业可以有效阻止竞争对手模仿其战略，那么战略性 CSR 会为企业带来超额回报。同理，Mcwilliams 认为 CSR 行为作为一种企业策略可以用来建立或提升企业可持续竞争优势。后来，随着 Teece 等将动态能力概念引入资源基础理论，企业社会责任行为成为一种帮助企业与外部环境变化相匹配并形成企业动态能力的新概念与新方法。现阶段学者大多也将战略性企业社会责任行为称为企业社会责任战略应用，企业社会责任被认为是战略投资的一种形式，企业从战略角度决定资源投入到哪些社会责任领域和选择承担哪些责任来增强自身竞争优势。即企业战略性社会责任行为可以为自身提供投资社会项目的学习机会，利用这些机会在改善社会环境的同时建立核心竞争力。

由此可见，战略性企业社会责任行为不仅仅是奉献爱心更是选择市场。因为企业面向市场进行社会责任的投资，可以获得来自社区、社会甚至政府的回报，最终形成企业声誉和社会资本，提升企业竞争优势甚至改善企业绩效。与此同时，企业社会责任行为可以实现差异化战略。因为积极履行社会责任的企业更能获得投资者的信任以及合理避税，投资风险更小和避免政府罚金。Porter 等从企业战略与社会关系的视角出发，认为企业不应该将经营活动与企业社会责任行为对立起来，应该寻找到企业经营与社会活动的融合点，以此来选择与企业特定业务相关的社会责任活动，将社会责任整合到企业战略框架中，最终增强企业竞争优势。

（四）利他性 CSR 行为

利他性企业社会责任行为从企业内部条件出发，认为企业社会责任行为不总是被动适应外部环境的要求和变化，企业自身的内部也可以自主决定选择社会责任行为，从而影响和改善外部环境为企业获得更有利的竞争地位。利他性企业社会责任行为一般等同于企业慈善活动，企业从利他主义的责任感出发，进行非强制性的、非法律或伦理要求的各种慈善活动，这些活动不一定有利于改善企业财务绩效。

那么企业产生这种利他性行为的动机是什么呢？早期研究认为这与企业道德发展相关，Kohlberg 以道德模型为基础，提出了组织道德发展阶段模型，并用这一模型解释了企业在面对道德危机时的伦理行为及其发展的动态性。从理论发展来看，强调利他行为不是企业最终目的，而是基于慈善的企业社会责任行为逐渐与企业战略相结合从而形成的一种全新战略性慈善。随着慈善活动的发展，越来越多具有责任感的企业都会参与其中，战略性慈善可以以一种全新的视角将企业慈善活动从利他行为转化为提升企业形象或增加市场机会的战略工具。譬如，Hunt 介绍了企业从事慈善活动的六种新思路和战略性企业社会责任行为的核心特征。随后，Logsdon 等对战略性企业社会责任行为进行了明确定义。企业意识到，为了维持自身生存发展和保持企业竞争优势，通过参与慈善活动改善企业业绩是至关

重要的。慈善事业的潜在目的是要产生“双赢”的结果，即不但可以让社会和相关利益者受益，还能推动企业发展。因此，Mescon 等指出，企业逐渐走向了为获取竞争优势将慈善捐款作为战略计划一部分，Wood 等更进一步认为，企业战略性选择慈善活动来实施企业公民的责任。

以上是四种主要的企业社会责任行为，对于为什么在外部环境相似的情况下，不同企业会有不同企业社会责任行为选择，以及对于转化为企业竞争优势的效应也会存在很大的差异，主要有两个依据。一是如 Pfeffer 认为“人们选择做某件事情的动机最终源于他们是如何看待这件事情的”，对于企业来说，企业社会责任行为决策主要受企业管理者认知影响。Basu 等从过程角度来解释企业社会责任行为是认知、释义和意动三个层面的综合体，因此，管理者对于企业社会责任是怎么认知的，决定了他们将会怎么做。二是部分学者认为企业内在资源对企业社会责任行为的影响，认为组织中存在的冗余资源可以缓解环境对组织的冲击。例如，Bourgeois 认为企业慈善事业取决于冗余资源的有效利用，企业的善举是企业合理利用组织冗余资源而非义务的行为。Porter 也曾提出战略的本质就是选择和转换，组织冗余资源为企业提供了战略选择所需的资源。因此，对于那些拥有丰富冗余资源的企业，可以主动选择社会责任行为来改善外部环境，而不是被动适应环境。

二、企业生命周期

众所周知，企业发展具有阶段性，一般分为初创期、成长期、成熟期和衰退期四个阶段。企业在不同生命周期阶段，企业规模、管理风格、股权结构、财务状况以及盈利能力等方面存在显著差异，这些因素必然影响企业履行社会责任的方式，从而导致企业在不同生命周期阶段其社会责任行为向企业竞争优势转化的效应。

首先，根据企业不同生命周期阶段自身特征，从理论上分析企业对社会责任履行的可能性。初创期企业发展的特点是资金有限、融资困难，生存和发展是企业首选目标。因为消费者是企业实现价值的重要载体，此阶段企业的社会责任活动主要表现为对消费者的社会责任，企业对消费者的责任会引起消费者的广泛关注和响应，有利于促进企业成长。一般在初创阶段由于企业经济实力不够强大而无暇顾及其他利益相关者的要求，也不会参与社会公益活动。成长阶段的企业开始盈利，但需要寻求更多资金来扩展企业，这时企业一般会建立和维护与债权人的关系进行债务融资。同时，人力资本也发挥着至关重要的作用，企业会通过增加工资等方式激励和留住优秀员工，为企业进一步发展积聚力量。另外，随着企业销售额迅速扩大，为了原材料供应的良性循环，企业与供应商之间要保持良好的合作伙伴关系，并且为了增加消费者的满意度和认同感，企业会积极着手品牌价值提升。譬如积极依法纳税获得政府政策支持，参与社会公益活动以树立良好企业形象，不过限于经济实力有限的企业不可能对社会公众事业进行过多的投入。在成熟阶段的企业，其主要目标是延长成熟期避免衰退期的到来，企业社会责任活动的重点会有所变化。该阶段随着企业财务状况良好和销售额的稳定，由于权益性资本的积累对债务性资本的依赖将减弱，企业开始更加重视创新行为，员工作为创新资本的载体会受企业格外重视。同时，随着市场饱和期的到来，企业竞争更加激烈，为了可持续发展目标企业会实施多元化发展战略，企业会更加注重保持与消费者、政府、供应商和社会公众等外部利益相关者的关系，为企业发展创造良好内外部环境。在衰退阶段，企业经营活动收缩，财务状况和盈利能力恶化，企业不愿主动承担社会责任，企业为了生存甚至还会出现严重损害相关利益者利益的现象。

其次，部分学者实证研究了企业生命周期对企业社会责任活动的不同效果进行了探讨。例如，王琦（2018）以 2012~2014 年制造业上市公司为

样本实证研究了不同生命周期阶段企业社会责任对企业价值的影响，得到了以下结论。在成长期阶段，企业虽然开始盈利，但处于发展时期只能选择性承担社会责任，研究表明企业员工社会责任对企业价值影响最大，其他方面影响不显著，因此，该阶段企业积极实施员工权益保障能最有效地提高企业价值。处于成熟阶段的企业一般有足够能力满足利益相关者的适度需求，从而承担较多的社会责任，研究表明成熟阶段企业社会责任对企业价值具有正向影响，其中对消费者社会责任的企业价值影响最大。因此，该阶段企业要极力保障消费者利益，特别关注产品质量以及安全性，保证企业价值贡献最大化。衰退阶段的企业社会责任与企业价值并不存在完全显著的负相关关系，其中企业对员工和社会公众的社会责任会提高企业价值，因为如果处理好与员工以及社会公众的关系可以让企业实现蜕变。

可见，企业社会责任活动在不同生命周期阶段对企业价值影响不同，从而也会影响向企业竞争优势的转化效应。因此，在进行企业社会责任行为选择时，企业应该根据其所处的生命周期采取不同战略，既不能忽略企业社会责任的积极影响，也不能夸大其作用，应该从自身经济实力、经营战略和所处的发展阶段出发，考虑企业社会责任承担的能力与程度等，发挥企业社会责任对企业竞争优势最大的贡献，将有限资源用于企业价值创造的最大化且将负面效应降至最低。具体对策建议如下。

一是初创阶段和成长阶段的企业，人力资本在此阶段发挥着重要的作用，因此，企业应该注重企业社会责任意识以及文化的培育。一方面，积极塑造社会责任文化氛围，通过组织结构的完善以及激励机制的实现，充分调动员工积极性和工作热情。另一方面，完善企业社会责任外部环境。首先，政府应该引导和制定企业积极主动承担社会责任行为的法律与相关政策。其次，建立企业承担社会责任的激励机制。譬如对社会责任表现好的企业可通过税收优惠和融资支持等方面的激励机制，促进和帮助企业快

速成长，增强市场竞争力。再次，建立和完善法律制度，加大惩罚力度。对于严重污染自然环境以及有损利益相关者利益行为的企业要进行严厉处罚，形成威慑和惩戒机制。最后，充分发挥社会公众和舆论媒体的监督机制，构建良好的全民社会责任氛围。

二是成熟阶段的企业应该将社会责任理念纳入到整个企业发展战略中去，实施企业社会责任战略。因为此阶段企业财务状况和经济实力厚实，但企业如果承担社会责任的程度与经济状况失衡或不匹配，会导致利益相关者的不满从而可能让企业迅速衰退。这时该阶段的企业可以利用企业社会责任的信息传递作用，将企业产品或服务的质量水平与企业社会责任活动紧密联系起来，从而将企业社会责任行为纳入到企业战略层面，充分保障利益相关者权益，树立企业良好的形象，为企业进一步发展创造有利的环境。

三是衰退阶段的企业由于市场规模迅速下降，财务状况严重恶化，经营状况比初创期还要艰难。因此该阶段企业应该更加重新审视企业社会责任的作用，理性承担具有公众效应企业社会责任的行为，重视企业社会责任实现机制。积极履行对员工的责任，传递积极信号降低离职意愿，尽力获取员工的忠诚，同时进行组织流程再造与变革，促使企业发生蜕变。

第四节 转化结果影响并决定企业社会责任的决策和选择

综上所述，企业社会责任向企业竞争优势转化的过程中，受到诸多因素的影响和作用，有些是直接的，有些是间接的，不管是直接还是间接，

这些内容不仅仅是企业社会责任向企业竞争优势转化的影响因素，同时也可能是转化的条件。与此同时还值得注意的是，企业社会责任竞争优势的转化结果不仅影响企业自身的行为，也影响着其他不同企业的行为。也就是说，企业社会责任竞争优势的转化结果反过来也会进一步影响企业社会责任行为的最终选择，这是多个企业相互博弈的一种行为选择。我国学者李建升等用博弈论中的囚徒困境，非常细致地分析了企业社会责任竞争优势的转化结果对企业社会责任行为的影响以及企业间的博弈行为。

他们认为，假设同一个行业中存在两个规模相当，生产技术、产品功能、市场价格和战略定位等方面都相仿的两个企业，由于两个企业之间信息不对称，双方均不知道对方的计划和战略行为，都假设对方以"利润最大化"为目标。如果两个企业都遵守相关的法律和企业伦理，主动承担相应的企业社会责任，那么其经营成本和收益应该是差不多的。但是，如果一旦某一个企业不承担社会责任，为了获取企业自身更大的利益而忽视社会和其他利益相关者的利益，将部分生产成本转嫁给社会或其他人，这必将对自身和竞争者的利益产生影响，这种影响在企业社会责任行为向竞争优势转化时转化条件具备的不同状况，其结果也会不同。他们分别做出了表示转化条件不具备和具备情况下企业支付矩阵——转化结果图，如图 4-1 和 4-2 所示，表示两种情况下企业不同行为对自身和竞争对手收益的影响。此处"收益"的含义，根据 Grant（1991）对企业竞争优势理解为表现出比竞争对手更强的盈利能力的观点，收益可以视为"绩效"的概念，是企业竞争优势的结果，用收益大小表示企业竞争优势的强弱。

在转化条件不具备的情况下，由于相关的法律法规制度不健全和不完善，企业缺乏法律的管制和惩罚，利益相关者如消费者等也无法根据法律条款来维护自身的权益和利益，结果是不履行社会责任的企业比履行社会责任的企业生产成本更低，如果以较低价格销售产品，将会比竞争对手更有优势占领更大的市场份额，获得更多的收益。如图 4-1 所示，如果两个企业都承担社会责任，收益分别为 10，两个企业拥有相同的竞争优势；当任何一方企业不承担社会责任时，不承担方企业收益由 10 上升到 15，而承担方企业收益由 10 降低到 5。长此以往，承担社会责任的企业必然处于不利地位甚至面临被淘汰的风险，在这种情况下，承担社会责任企业的最优行为是不再承担，两个企业都不承担社会责任时因成本降低，其收益都达到 12，比两个企业都承担社会责任时 10 的收益还要大，此时达到纳什均衡。由于市场规模和资源等方面的限制，均衡状态时的收益比企业自身不承担社会责任而竞争对手承担社会责任时的收益少。由此可见，在不具备转化条件时企业承担社会责任的行为是不能自动转化为企业竞争优势和收益的。因为在市场经济激烈的竞争条件下企业会失去承担社会责任的压力和动力，每个企业的最优选择是不承担社会责任。当然，这种状况是不可持续的，企业不承担社会责任长期破坏社会和经营环境，由此造成的负外部性最终将损害企业和社会双方利益。

		企业1	
		不承担	承担
企业2	不承担	（12，12）	（15，5）
	承担	（5，15）	（10，10）

图 4-1　转化条件不具备时企业的行为

在具备转化条件的情况下，企业会表现出不同的行为特征。由于健全和完善的制度以及严格的执法使得不承担社会责任的企业将会受到严厉的惩罚和管制，再加上有效的社会各方监督反馈系统使得利益相关者能够及时掌握企业信息。对于积极承担社会责任的企业，各利益相关者给予积极回应，使企业获得竞争优势和收益；但是对于不负责任的企业，会进行抵制和反对，使之付出更大的代价从而迫使企业承担社会责任。如图 4-2 所

示，如果两个企业都不承担社会责任时的收益为 8，将会低于原来都承担社会责任时的收益 10；若一方企业承担另一方不承担时，因利益相关者的要求使得积极履行社会责任的企业收益上升为 15，不履行的企业收益下降为 5；在转化条件具备的情况下，两个企业的最优选择是都承担社会责任，获得 18 的收益而达到新的纳什均衡。因为在此种情况下，普遍的企业社会责任行为促进了企业与社会共同进步与发展，这些同时为企业提供了更大市场需求，获得更多收益和优势，最终实现企业和社会的共同繁荣。

		企业1	
		不承担	承担
企业2	不承担	（8，8）	（5，15）
	承担	（15，5）	（18，18）

图 4-2　转化条件具备时的企业行为

以上分析了转化条件不具备和具备时的两种极端情况，当然，在这两者之间还存在多种情形，不过企业行为的依据都是一样的。总之，有诸多因素和条件影响了企业社会责任向企业竞争优势的转化。同样，企业社会责任行为向企业竞争优势转化的结果也决定了企业承担社会责任行为的选择与程度。

综上所述，企业向竞争优势转化的过程中受到内外部因素的影响，而且转化结果反过来也会进一步影响企业社会责任的决策与选择。具体来说，企业社会责任能否成功转化为企业竞争优势依赖社会责任市场、公平竞争环境、监督反馈系统、企业社会责任行为的方式和战略以及企业所在的不同生命周期阶段等方面，这些因素之间相互联系、相互支持，因为单个或部分因素难以有效发挥应有的作用。如果没有责任市场的建立，其他任何因素的作用都将会被削弱或丧失，企业获得竞争优势的可能性就会失去。如果没有公平的竞争环境，企业社会责任行为就会失去法律依据和强制性，给那些推卸社会责任的企业有可乘之机，责任市场也没有发挥作用的机会。如果缺少有效的信息反馈系统机制，企业利益相关者和政府管理者缺乏相应的信息进行积极响应，责任市场和相关制度就难以起到制约或激励作用。企业承担社会责任的方式和战略是否合适，是否与企业自身所处的生命周期阶段相匹配，直接决定了企业能否获得竞争优势。因此，这些内外部因素共同决定了企业社会责任能否成功转化为企业竞争优势。因为这些条件和因素共同决定了利益相关者是否关注企业社会责任，并将此作为自身决策的重要依据；决定了利益相关者和政府能否在拥有足够信息的条件下进行约束和激励，对积极承担社会责任的企业给予资源和声誉的回报，对不负责任的企业进行应有的抵制和惩罚。转化结果反过来影响并决定企业是否承担社会责任的决策和选择，在以上那些转化条件不具备时，企业社会责任难以转化为竞争优势，因为在这种情况下企业的最优决策和行为是转嫁企业自身生产成本，不承担社会责任。但在转化条件具备的情况下，企业履行社会责任是企业必然和最优的选择，转化条件促使企业社会责任向竞争优势转化，最终迫使企业由不承担或被动承担企业社会责任向积极主动承担社会责任的行为进行转变。

第五节 完善企业社会责任履行条件的对策

综上所述，想要改善我国企业社会责任履行状况，首先必须完善企业社会责任向企业竞争优势转化的条件，加快企业社会责任行为向企业核心

竞争力和竞争优势的转化。为此，政府、社会和企业都必须同时发力，缺一不可。

（1）政府。我国政府作为宏观调控主导者和企业的利益相关者，他的引导和监督是企业积极履行社会责任的前提。政府通过对社会大众以及企业管理者在企业伦理道德和企业社会责任方面的教育，提高维护自身以及社会利益的意识，促进企业社会责任市场的建立和完善；通过完善相关法律制度为企业提供公平的竞争环境，加大对不履行社会责任企业的惩罚和管治力度；通过建立完善监督反馈信息体系，促进对企业社会责任行为的监督和信息流动，为责任市场发挥作用提供必要的信息。转化条件的改善会促进企业和社会利益的增加，推动企业积极实施可持续的社会责任行为。

（2）社会。社会的积极宣传和监督是企业更好地承担社会责任的推动力。在完善的社会大环境下，企业会积极要求自己履行“企业公民”的权利和义务，树立企业公民口碑，提升企业品牌知名度和美誉度。社会为企业创造良好的社会氛围，倡导消费者绿色消费理念。与此同时，媒体舆论作为重要的社会监督工具对企业社会责任行为起着重要的监督作用，通过大力宣扬和褒奖有责任担当的企业行为和曝光以及谴责不负责任的企业行为，创造企业任何经营行为都要顾及社会利益的良好社会氛围。

（3）企业。政府的引导和社会监督最终都要靠企业真正地实现，因此，企业要加强社会责任理念的认同和内化。通过企业文化深化内部员工的责任理念，可以增强企业内部的凝聚力和提高整体竞争力，形成企业的软实力资本；通过完善企业社会责任信息披露制度，加强企业利益相关者对企业品牌和形象的正面了解，提升企业的声誉资本和社会资本等；通过企业社会责任与企业战略的结合，兼顾企业经济利益和社会绩效，为企业可持续发展和社会责任可持续行为打下坚实的基础。

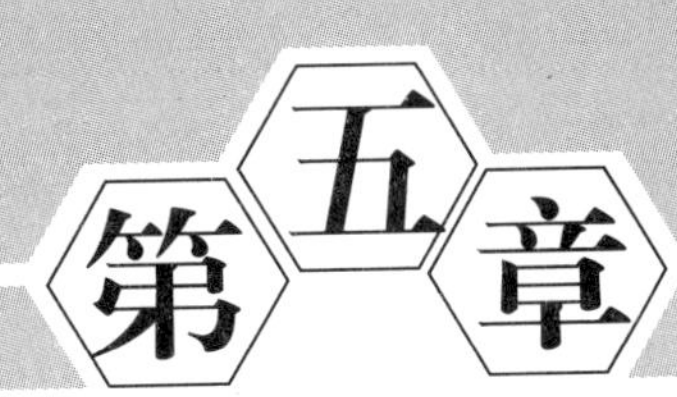

中国企业社会责任履行的现状与特点

第一节

中国企业社会责任履行的状况

2003 年前，我国政府和企业对于企业社会责任的相关问题并没有引起特别的关注。但由于生态环境恶化、员工和消费者利益受损、社会利益和公益意识淡薄等一系列负面事件激发了人们对企业社会责任的重视。中国社会科学院经济学部社会责任研究中心自 2008 年 2 月成立以来，构建了一套企业社会责任管理现状和责任信息披露水平的综合评价体系，以中国社会责任 100 强企业为研究对象，对国有企业 100 强、民营企业 100 强、外资企业 100 强的 300 强企业的社会责任管理现状和责任信息披露水平进行了全方位的研究，形成中国 100 强企业社会责任指数，每年出版《中国企业社会责任研究报告》。根据 2016 年 10 月中国社科院第八次发布《企业社会责任蓝皮书（2016）》披露的我国电力、家电、房地产等 16 个重点行业社会责任发展指数来看近年来企业社会责任发展的状况（见表 5-1），2009 年，中国企业社会责任 300 强企业发展指数是 15.2 分，企业社会责任信息披露严重不足，处于旁观者阶段。2012 年，企业社会责任发展指数 23.1 分超过 20 分临界点，开始从旁观者阶段进入起步者阶段。2016 年，企业社会责任发展指数为 35.1 分，仍处于起步者阶段（企业社会责任发展类型、得分区间和企业特征如表 5-2 所示）。不过，从表 5-1 可知，中国企业社会责任发展指数在 2009~2014 年以两位数的速度迅速增长，但 2015~2016 年增速呈现明显下降的趋势。随着社会各方以及企业本身对社会责任问题的关注与重视，我国企业社会责任发展整体水平持续得到改进，呈现出“起步晚、发展快、水平较低”的特点。企业社会责任实践呈现平缓发展态势，中国企业社会责任发展还处于量变的积累阶段，要取得实质性变化仍需各方长期努力。

表 5-1　2009~2016 中国企业 300 强社会责任发展指数

年份（年）	2009	2010	2011	2012	2013	2014	2015	2016
社会责任发展指数（分）	15.2	17.0	19.7	23.1	26.4	32.9	34.4	35.1
增长率（%）	—	11.8	15.9	17.3	14.3	24.6	4.6	2.0

表 5-2　企业社会责任发展类型

序号	类型	得分区间	企业特征
1	卓越者	80 分以上	企业建立了完整的社会责任管理体系，社会责任信息披露完整，是我国企业社会责任的卓越引领者
2	领先者	60~80 分	企业逐步建立社会责任管理体系，社会责任信息披露较为完整，是我国企业社会责任的先行者
3	追赶者	40~60 分	企业开始推动社会责任管理工作，社会责任披露基本完整，是社会责任领先企业的追赶者
4	起步者	20~40 分	企业社会责任工作刚刚起步，尚未建立系统的社会责任管理体系，社会责任信息披露也较为零散、片面，与领先者和追赶者有较大的差距
5	旁观者	20 分以下	企业社会责任信息披露严重不足

资料来源：陈佳贵等．中国企业社会责任研究报告（2012）（企业社会责任蓝皮书）[M]．社会科学文献出版社，2012，11.

另外，根据《润灵环球评级 2009~2016 年中国上市公司 A 股的企业社会责任评分》数据进行分析。可以发现，中国上市公司中，部分产业的企业社会责任履行得很好，但是也还有相当一部分产业的企业保持现状。从表 5-3 可知，在 2009~2016 年，报告社会责任履行情况的企业越来越多，平均值有所升高，说明中国上市公司整体企业社会责任履行情况以及相关法律法规执

行状况都有所改善。其次，按行业分类可以发现（见表 5-4），不同行业的企业社会责任履行情况报告的企业数量差异较大。企业社会责任评分样本个数排前面 9 位的行业分别是房地产业、机械设备仪表制造业、交通运输仓储业、金融保险业、金属及非金属制造业、石油化学塑料塑胶业、信息技术业、医药生物制品业，以及批发零售业。而且从表 5-4 可以看出，在企业社会责任履行方面表现最好的是金融保险行业，但在企业社会责任信息披露方面企业数量更多的是机械制造行业。最后，从 2009~2016 年的数据可以发现，尽管企业社会责任履行情况整体上逐渐改善，但提升进展缓慢，有些特殊行业例如石油化工等成长动力似乎太弱，而且同行业内企业社会责任行为比较相似，不同行业企业之间社会责任行为没有明显可比性。也就是说，企业社会责任行为在处于同一产业的企业间有明显的“攀比”或“传染”的特点。例如，2012 年评分最高的金融保险行业企业社会责任得分为 83.67，而石油化工行业最高的企业社会责任得分只 59.74。刘计含（2018）通过对十大行业研究发现，企业社会责任相似性的均值均在 0.78 以上，中位数均在 0.79 以上，四分之三中位数均在 0.94 以上，说明同一行业的企业对于企业社会责任履行呈现既不愿带头，也不甘落后的特点。

表 5-3　2009~2014 年企业社会责任评分描述性统计结果

	2009 年	2010 年	2011 年	2012 年	2013 年	2014 年
均值	29.94550	33.05463	35.34655	37.05929	38.97724	40.49940
中位数	27.48500	29.44000	31.41000	32.94490	35.36500	37.11000
最大值	72.090000	78.71000	81.46000	83.67310	84.02000	85.85000
最小值	15.20000	11.69000	14.15000	15.11520	18.48000	19.70000
标准差	10.25620	12.40142	13.99609	13.42235	12.32512	12.22304
偏度	1.963426	1.579956	1.410981	1.308965	1.289962	1.515212
峰度	7.254215	5.159544	4.528935	4.321955	4.346283	5.438175
JB 检验	421.7741	254.5208	212.8897	208.5772	227.2378	429.2617
样本数	302	417	496	582	644	681

表 5-4　2009~2016 年行业分类后的 CSR 分析

行业名称	2009 年			2010 年			2011 年		
	样本数	平均数	最大值	样本数	平均数	最大值	样本数	平均数	最大值
房地产业	19	26.46	36.79	29	28.54	71.06	32	30.85	71.87
机械设备仪表制造业	44	27.20	42.48	63	31.39	54.21	77	32.67	63.00
交通运输仓储业	23	33.11	61.73	29	36.05	66.91	36	38.48	77.59
金融保险业	20	46.02	72.09	29	46.30	78.71	34	53.17	81.46
金属及非金属制造业	37	29.21	64.86	43	33.10	64.69	50	34.41	71.50
石油化学塑料塑胶业	14	26.04	38.07	25	29.08	59.36	36	30.91	56.32
信息技术业	17	27.35	40.85	21	28.69	44.33	29	32.22	70.46
医药生物制品业	17	30.38	61.05	25	32.33	76.14	27	36.15	78.44
批发零售业	12	27.43	35.86	20	33.17	66.8	25	36.75	71.78
采掘业	14	38.26	68.76	—	—	—	—	—	—
行业名称	2012 年			2013 年			2014 年		
	样本数	平均数	最大值	样本数	平均数	最大值	样本数	平均数	最大值
房地产业	39	31.25	76.07	41	35.17	77.14	40	38.44	76.99
机械设备仪表制造业	90	35.5	67.09	105	36.65	66.29	109	39.13	69.15
交通运输仓储业	38	38.62	78.50	37	40.26	79.89	37	42.89	83.62
金融保险业	39	51.92	83.67	40	54.13	84.02	42	57.19	88.85
金属及非金属制造业	56	37.59	71.30	60	39.39	71.18	62	40.06	72.51
石油、化学、塑料、塑胶业	46	33.61	59.74	48	36.85	63.95	53	37.5	52.93
信息技术业	33	33.69	64.76	40	36.96	66.42	42	39.65	69.21
医药生物制品业	32	37.12	81.88	31	37.18	78.32	33	41.42	87.95
批发零售业	27	37.28	67.01	28	40.59	66.52	32	42.04	68.95
采掘业	27	44.06	79.67	30	46.03	81.7	33	44.48	85.50
行业名称	2015 年			2016 年					
	样本数	平均数	最大值	样本数	平均数	最大值			
房地产业	39	39.23	73.93	43	39.22	64.99			
机械设备仪表制造业	105	40.99	69.7	112	40.84	68.22			
交通运输仓储业	36	46.05	82.89	38	45.33	82.54			
金融保险业	44	57.28	89.3	48	56.02	87.04			
金属及非金属制造业	62	41.66	76.07	66	41.37	73.01			

续表

行业名称	2015 年			2016 年		
	样本数	平均数	最大值	样本数	平均数	最大值
石油化学塑料塑胶业	54	40.94	60.02	58	39.76	61.99
信息技术业	57	41.56	73.16	67	40.46	73.77
医药生物制品业	33	44.59	87.18	34	43.81	86.64
批发零售业	33	43.89	67.51	38	44.13	70.06
采掘业	32	45.68	81.66	32	44.99	81.76

最后，根据图 5-1 评估数据显示，“十二五”期间中国企业社会责任实践水平平缓发展，速度略低于“十一五”期间。“十一五”期间政府机构、行业组织等相关方采取一系列措施推动企业履行社会责任，我国企业开展社会责任实践的热情高涨，处于爆发性的快速发展阶段。“十二五”期间国家经济增速有所放缓（见图 5-2），可能对企业社会责任发展产生一定影响，也使中国企业社会责任发展更加趋于理性。企业社会责任实践的平缓发展一定程度上表明中国企业社会责任发展总体上仍处于量变阶段，没有大的实质性改变。

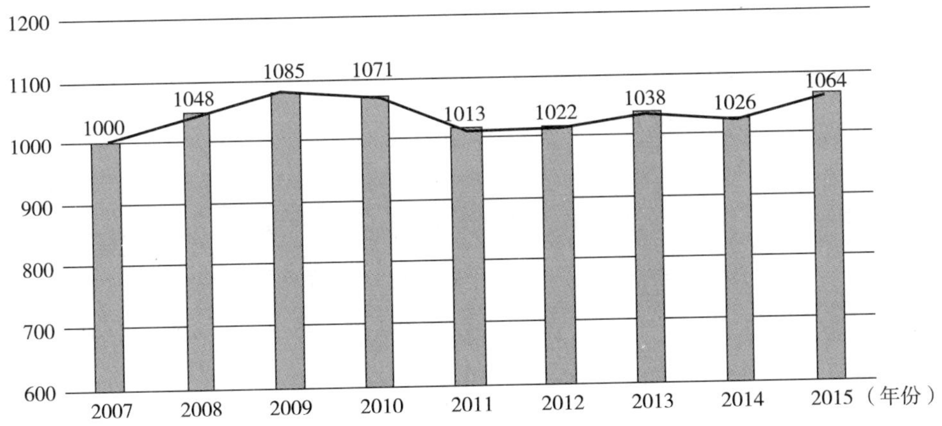

图 5-1　CSR 综合指数分析

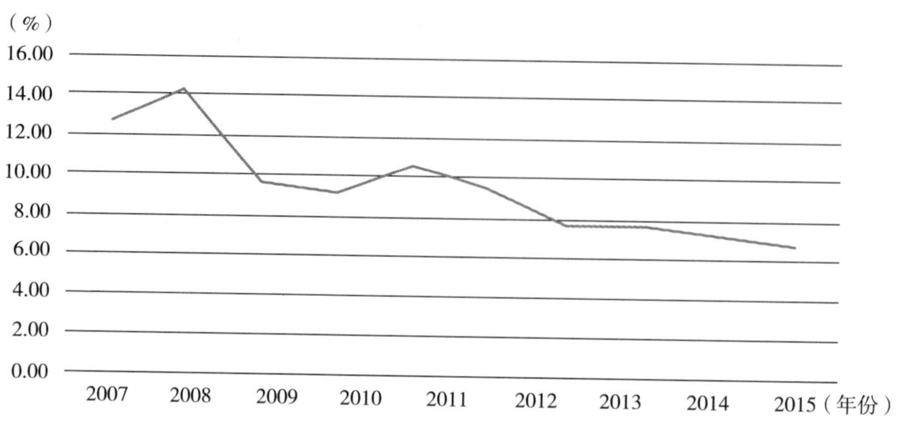

图 5-2　中国 GDP 年均增长率

第二节
中国企业社会责任履行的特征

总体来看，我国企业社会责任活动存在以下几个方面的特征。

一、重视企业经济责任的履行

众所周知，企业经营的最终目的是实现利益最大化，这一点无可厚非。改革开放以来，我国长期以经济发展为中心战略，强调经济效益忽略社会效益和生态效益。然而，科学发展观的提出，政府和企业都开始转变发展思路，但因经济发展的惯性思维和固化观点，仍有许多企业认为“企业利益最大化”“获取企业利润”是企业的终极使命。我国作为世界工厂的主力军，部分企业片面追求眼前的利益。为了减少生产成本，一些不良

企业采用劣质的原料，制造假冒伪劣、以次充好的产品；不顾劳工的合法权益，增加工人的工作时长等。过去的十几年间，地沟油事件、食物中毒事件等严重损害了公众的利益，最近的网约车事件的频繁发生等这一系列事实说明，很多企业缺乏企业社会责任意识，只图经济而忽略对相关利益者的企业社会责任。出现企业只重视经济责任的原因，大致包括以下几点。

（一）企业对社会责任的问题认识不足

我国理论界在企业社会责任的问题研究上，大多沿用西方发达国家关于企业社会责任的认识，将企业社会责任划分为经济责任、法律责任、道德责任和慈善责任等，将企业社会责任放在与经济责任同一逻辑层次上，这种逻辑上的混乱直接造成企业承担社会责任难以进行实际操作。同时，企业自身对社会责任的认识比较模糊。一是，对企业社会责任在认识上较为模糊，将企业的社会责任视为企业正常经营“分外”之事，认为企业承担社会责任就是企业在自己的经营业务之外尽一些公益义务。二是，只看到企业社会责任给企业造成经营成本的负担，而没有看到企业社会责任给企业提供的发展机会，于是将企业的社会责任推向政府、推向社会。在我国社会主义市场经济体制还未完善、社会保障体系并未健全的情况下，其结果是造成企业社会责任的“真空状态”，企业政府两不管。三是，有些企业只是追求自身的经济利益，形成经济学上的“败德行为”，其结果是逃避社会责任，损害企业利益相关者的利益。另外，从企业对利益相关者群体社会责任认知度调查结果（见图 5-3）可以看出，经营者对企业利益相关群体的认识程度不一，这在客观上影响和制约了企业对社会责任的承担。

（二）企业处于转型和成长阶段无力全面承担社会责任

企业承担社会责任不力不仅源于企业自身的认识问题，也与企业发展

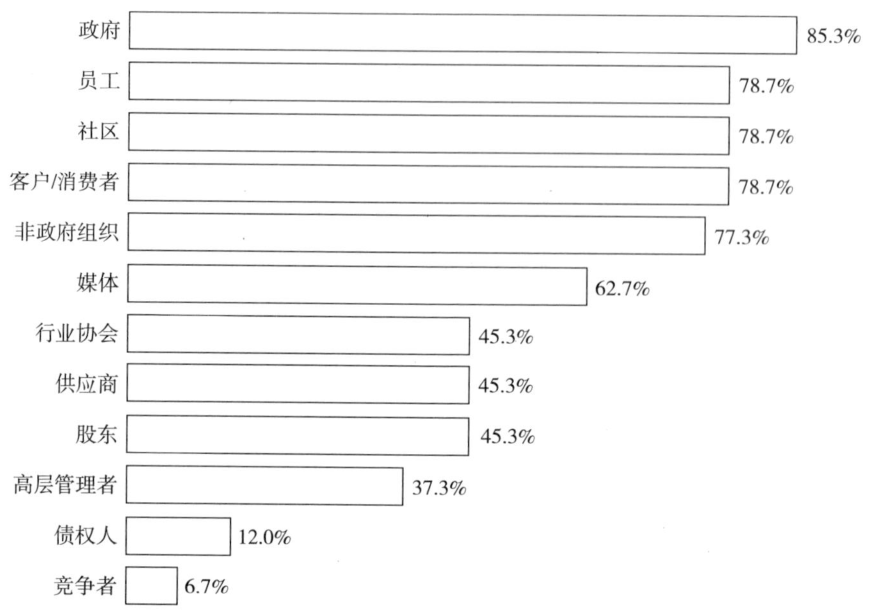

图 5-3 利益相关者群体社会责任认知度调查

的阶段特征有着直接的关系。我国大部分企业处于转型和成长阶段，还没有足够的实力更好地承担社会责任。中国的改革开放是从较低的经济水平上起步的，为解决温饱和改善基本生存条件，许多企业的注意力集中于短期经济利益。在这一过程中形成了粗放型经济增长机制，它的惯性一直影响到今天，使得中国企业对于社会责任较为淡漠。作为发展中国家，我国一些企业的生产技术水平相对较低，物耗、能耗高，在资源节约、环境保护方面不具有优势，同时，我国劳动力资源丰富，企业资金投入相对较少，大量企业集中在劳动密集型行业，许多企业对劳工权益的保护还不到位。因此，就整体而言，我国企业全面承担社会责任都面临着很大压力。在这种情况下，也有少部分企业认为不该承担社会责任，而部分企业则无力承担社会责任。调查显示，8.3%的企业经营者认为“企业社会责任主要是大企业的事情”，23.3%的经营者认为“企业社会责任是企业基本责任

之外的责任”，这部分企业因此选择拒绝承担社会责任或只承担部分社会责任。54.4%的企业经营者认为“企业经营困难”是影响其承担社会责任的主要原因。由华东政法大学政治学研究院、上海交通大学企业法务中心以及东方公益事业规范与测评中心公布了《2016中国100强企业社会责任指数年度报告》[①]，其中，《中国纺织服装行业企业社会责任年度报告（2016）》显示，100%的被调查企业都存在超时工作的现象，部分企业员工每天工作达到13个小时。

企业社会责任的发展需要经历一个渐进成熟的过程，其产生和发展大致要经历五个阶段：消极看待社会责任阶段、被动应对社会责任阶段、主动担当企业社会责任、制定社会责任发展战略和社会责任与企业文明阶段。我国改革开放以来，企业在社会经济发展中扮演了重要的角色，但是对承担社会责任的认识才刚刚起步。调查显示，我国大多数企业还处于企业社会责任承担的第一阶段，少数企业进入被动应对的阶段，踏入主动承担社会责任阶段的企业很少。在我国，许多企业仅仅把自身定位于一个经济实体，片面强调企业自身的经济利益，在经营过程中主要以经济利益为目标，忘却和否定企业应具有的社会目标，忽视乃至排斥它所具有的伦理意义，导致部分企业社会责任感缺失。

企业在转型期时，主要在两个方面影响企业全面承担社会责任。一方面，改革后的国有企业无力承担“企业办社会”阶段承担的社会责任，社会也没有能力完全解决企业卸下的“包袱”，因此造成社会责任承担的缺位状态；另一方面，转型期的一个特点就是产权不明，实质就是利益关系模糊不清，造成企业缺乏承担社会责任的根本动力。总之，现阶段，我国的市场经济还不够完善，企业的成熟度还不够，企业大部分仍然处于以赢

① 2016中国100强企业社会责任指数排名，排在前五的分别是阿里巴巴、中国海洋石油、中国移动、中兴通讯和华润创业。

利为目的的资本原始积累阶段，企业的经营状况和经济实力还不允许企业全面承担社会责任，即使经营者具备较强的社会责任感和承担社会责任的意识，其决策也必须依据企业的发展状况而定。这些因素导致了我国部分企业社会责任严重缺失的局面。

可见，我国企业自身的认识水平与企业实力等因素制约了企业社会责任研究和实践工作的推进，如果说这些因素是影响企业社会责任承担的内部因素的话，那么企业承担社会责任的社会机制作为外部因素对企业社会责任的实践也有着重要的影响。我国企业承担社会责任的社会机制尚未完全建立起来，也大大限制了企业承担社会责任的实践。完整的企业社会责任社会运行机制包括健全的系统的法律法规和完善的企业制度。虽然大部分企业已经意识到社会责任的重要意义，但是由于企业存在经营困难、经营者素质不高、社会诚信缺失以及相关部门没有履行好自己的责任等因素，使得企业在承担社会责任过程中还存在诸多“顾虑”，企业经营者担心“劣币驱逐良币”现象的发生。

二、侧重企业慈善活动的开展

尽管越来越多的企业开始投入到企业社会责任活动之中，但相当多的企业对于企业社会责任活动没有完全理解和认识，仅仅简单地将社会责任活动等同于公益活动和慈善捐款。现实中，企业往往连最基本应尽的经济与法律责任都没有履行到位，环境污染、劳工争议和造假售假等事件时有发生，在企业社会责任报告中，往往罗列慈善捐款、救灾扶贫等事件和投入金额。中国企业之所以特别青睐于用慈善公益方式来替代（部分或全部）企业社会责任活动，主要原因大致有如下几个方面。

（一）慈善捐赠成为私营企业彰显社会责任的重要形式

作为新兴经济体的重要成员，私营企业在复杂形势的严峻挑战下以其

独有的灵活性和生命力蓬勃发展。截止到2013年，私营企业数量已经达到了1254万户，占全国实有企业数量的82.1%、对GDP的贡献率超过60%、税收贡献率超过50%、就业贡献率超过80%，在推动经济增长、满足民生需求、解决就业问题等方面做出了突出贡献，成为促进民富国强、实现新时期“中国梦”的重要力量。进入新世纪后，中国私营企业成为全球供应链的前端要素和“世界工厂”的重要组成，随着市场主体地位的不断巩固，经营活动也从传统的“生产—销售”单向模式转变为与多方利益体互动的共生模式，私营企业也因此被政府和社会公众赋予了更多的社会角色。近年来，全球社会责任运动在新兴经济体中以各种方式渗入，改革的深化也加大了人们对企业与社会关系的理解，物质文化生活的改善提升了社会整体的需求层次，所有的这些社会变迁迫使越来越多的企业开始思考，如何才能适应环境的新要求以保障可持续发展。可见，现实中的社会责任也不再是私营企业经营活动的偶然点缀，与环境和社会的均衡发展成为企业的战略选择。社会责任也逐渐渗透和体现在企业的战略定位、利益相关管理、公共关系维护等各类行为决策之中。自发参与到社会公益和环保慈善事业成为很多私营企业的选择，一些私营企业家也一度在胡润慈善榜上位列前排。此后，在21世纪数次重大自然灾害的援建活动中，众多私营企业积极参与其中，成为救灾最重要的资金、药品、人员等来源之一。

在中国，企业社会责任自出现便与慈善捐赠密不可分。作为企业社会责任的最高表现形式，企业的慈善捐赠在中国社会受到政府和社会各界的广泛认同，在调节资源再分配、缓和社会矛盾、促进社会公平等方面发挥着不可忽视的重要作用，并成为企业可持续发展报告及企业社会责任报告中提及最多的字眼。根据中国社会科学院2008年有关公司与社会公益的追踪调查发现，自成立开始有过慈善捐赠行为的企业占样本数的九成以上。很显然，慈善捐赠作为企业彰显社会责任的重要形式，被越来越多的私营企业所采纳。由私营企业发起和主导的光彩事业经过 20 年的发展，已经从一般的扶贫行为变为广泛开展的社会事业。

不过，在经济发展、社会结构和传统文化方面的特色，使得我国慈善捐赠的结构和特点迥异于西方国家（慈善捐赠是一种与当地社会经济文化紧密相关的行为）。从慈善资源的来源构成来看，企业捐赠一直是我国民间捐赠的主体，经济发达的东部地区的慈善捐赠水平高于全国平均水平。从慈善资源的构成来看，财物一直是民间捐赠的主要形式。从捐赠渠道来看，大部分捐赠由官方与半官方机构接收。慈善资源的用途集中于社会助学、扶贫济困和抗震救灾三个方面。近年来，国际对华以及我国对外慈善捐赠均不断增长。

根据中国慈善联合会在北京发布的《2016 年度中国慈善捐助报告》数据显示，2016 年，我国经济发展稳中向好，慈善捐赠的上升势头更加显著，我国接收国内外款物捐赠共计 1392.94 亿元，占全国 GDP 的 0.19%，相比 2015 年增加 284.37 亿元，同比增长 25.65%；人均捐赠 100.74 元，比 2015 年增加 23.32%，无论在金额还是增幅均创下历史纪录。《2016 年度中国慈善捐助报告》横向对比了美英两国的相关数据。2016 年，美国慈善捐赠总额约合 25706.6 亿元，占 GDP 的 2.1%，人均捐赠约合 7957.1 元。英国捐赠总额约合 868.1 亿元，占 GDP 的 0.52%，同比增长 1.04%；人均捐赠约合 1316.5 元。我国慈善捐赠总额为 1392.94 亿元，占 GDP 的 0.19%，同比增长 25.65%；人均捐赠 100.74 元，增幅为 23.32%。我国年度慈善捐赠总量已接近欧洲发达国家水平，捐赠总量、人均捐赠量的年度增长率均大幅领先于美、英两国。我国社会捐赠最关注的三个领域依然是教育、医疗健康和扶贫与发展，分别占捐赠总量的 30.44%、26.05%、21.01%，其中扶贫与发展领域增长最为明显，比 2015 年提高近 10 个百分点，充分显示了打赢脱贫攻坚战在全社会的凝聚力和号召力，吸引了更多的社会资源投入

到扶贫事业中来。2011~2016 年最近六年捐赠额见图 5-4 所示。

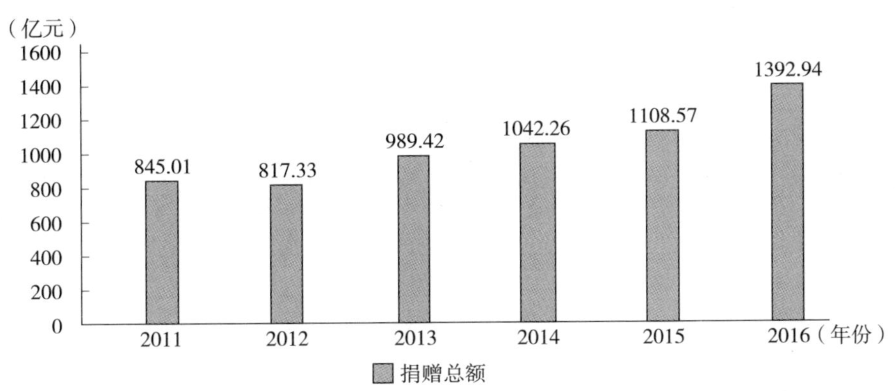

图 5-4　2011~2016 年最近六年捐赠额

据不完全统计，2016 年企业捐赠总额首次突破 900 亿元，达到 908. 20 亿元，比 2015 年增加了 124. 35 亿元，同比增长 15. 86%；企业捐赠占到捐赠总额的 65. 20%，比重虽较 2015 年略有下降，但仍为第一大捐赠来源，其中民营企业贡献近五成。2016 年我国捐赠过亿元的企业达到了 34 家，数量比 2015 年增加 5 家，其中国有企业 8 家，民营企业 26 家。这些企业的捐赠合计达到 98. 22 亿元，比 2015 年增加 18. 91%，分别占全年企业捐赠和社会捐赠总额的 10. 81%、7. 05%。本年度捐赠金额达 5 亿元的民营企业有传化集团、恒大集团、碧桂园集团、中国泛海控股集团等。中国长江三峡集团、中国神华、中石油、中石化、茅台酒厂等国有企业也连续多年捐赠过亿元。

只不过，我国企业在发展慈善捐赠的同时，将企业社会责任本末倒置已经成为普遍现象，对于“积极主动承担”社会责任的很多企业，都有意无意地将企业社会责任等同于公益慈善捐赠。因为，大多数企业在企业战略目标中并没有关于社会责任承担的明确说明，而是放在企业形象推介计划中，把企业社会责任活动仅仅当作是广告策划活动，希望从中牟取更多的经济利益。

（二）政府引导成为重要的推动力量

近年来，在中央政府政策的推动下，慈善捐赠对于私营企业的战略作用也逐渐上升为中国经济转型以及和谐社会可持续发展的重要作用。2016年是中国慈善史上的重要转折点，也是国家与社会更紧密地联手推动慈善事业发展的一年，国家推动慈善的贡献尤其表现在《中华人民共和国慈善法》《境外非政府组织境内活动管理法》以及相关配套法规在2016年度的密集出台上，至此，中华人民共和国境内的所有慈善活动，不论是境内还是境外慈善主体的活动，都有法可依了。中国实现了慈善法制的完整塑造，中国慈善事业进入了依法治理的时代。

2016年《慈善法》正式实施后，政府执法力度加强。截至2016年10月，民政部曝光的离岸社团、山寨社团数量达1287家。民政部与百度公司合作，在百度百科中对被曝光的离岸社团、山寨社团专门标注。新浪微博根据民政部名单通告，对2169个与离岸社团、山寨社团有关的账号进行了处理。2017年2月，十二届全国人大常委会第二十六次会议在24日表决通过了关于修改《中华人民共和国企业所得税法》的决定。根据这一决定，企业所得税法第九条修改为："企业发生的公益性捐赠支出，在年度利润总额12%以内的部分，准予在计算应纳税所得额时扣除；超过年度利润总额12%的部分，准予结转以后三年内在计算应纳税所得额时扣除。"财政部税政司副司长张天犁说，与慈善法关于慈善捐赠支出结转扣除的规定相衔接是对原有税法的一种调整和完善。从税收政策角度讲，是对原有税收优惠政策的一个扩大和延伸。这在很大程度上解决了一大部分大额捐赠支出的税前扣除。张天犁说，无论是允许扣除的12%的比例，还是三年结转扣除，在国际上已经处于较高水平。这项政策的调整体现了国家对公

益事业的进一步支持和鼓励，有利于调动企业参与社会公益事业的积极性，促进我国公益事业的健康发展。据介绍，慈善捐赠支出三年结转是慈善法规定的优惠政策，在慈善法 2016 年 9 月 1 日正式实施后即发生法律效力，对企业所得税法的修改不影响慈善法相关规定的实施。

中国慈善服务基础环境有了很大改善。国家有关部委加强了志愿服务信息化管理与大数据建设，对民间志愿服务测量和研究开发起到了重要的支持作用。2016 年注册志愿者为 7259. 08 万人，注册率为 5. 25%，非注册志愿者为 6221. 13 万人。在官方正式注册志愿者与未注册志愿者的合计人数为 13480 万人，占全国人口的 9. 75%。在注册与非注册志愿者中，约占 32. 3%的 5806. 61 万名活跃志愿者通过 116. 17 万家志愿服务组织参与了帮老、助残、扶贫、社区等 18 种主要领域的志愿服务活动，捐赠服务时间达 15. 97 亿小时，志愿者贡献经济价值 495. 65 亿元。2016 年，互联网募捐、慈善信托、社会组织国际化、企业社会责任方面都呈现出新气象，慈善组织的活力较之以往更加明显地展示出来。企业社会责任正在与国家战略、慈善发展、全球环境、高校捐赠有效结合，这是中国企业家慈善理念拓宽的一种表现。尤其央企、民企、外企等各类企业纷纷将精准扶贫作为企业社会责任的重要方向。15 家网络信息企业与中国互联网发展基金会、中国扶贫基金会联合成立了网络公益扶贫联盟，协同网络公益资源，促进精准脱贫。中国首个信息技术公益联盟发起成立，公益云计划为社会组织提供云计算以及大数据。

截至 2016 年 12 月底，全国共有社会组织 69. 9 万个。其中社会团体 33. 5 万个，基金会 5523 个，民办非企业单位 35. 9 万个。2015 年度实际接收现金及物资捐赠量为 1215 亿元，加上全国志愿服务捐赠小时折算价值 414 亿元和彩票公益金筹集总量 979 亿元，全核算社会慈善公益总价值达 2608 亿元。2016 年，社会捐赠总量预期将达 1346 亿元。其中，基金会系统接收的捐赠总额预估为 489 亿元；慈善会系统捐赠款物预估为 348 亿元；民政系统接收的社会捐赠款物为 70.83 亿元，民办非企业单位和社会团体接收捐赠测算为 194 亿元，其他类捐赠接收主体接收捐赠的数额约为 244 亿元。2016 年的社会捐赠总量加上全国志愿服务小时折算价值 495.65 亿元，合计为 1842 亿元。2016 年中国彩票销售总量达到 3946.4 亿元，筹集彩票公益金 1039 亿元。将彩票公益金算进来，那么，2016 年中国全核算社会公益总价值为 2881 亿元。2016 年与 2015 年相比较，社会捐赠总量增长率为 10.7%；志愿服务捐赠小时折算价值总量增长了 19.6%；彩票公益金筹集总量增长率为 5.8%，全核算社会公益总价值增长率为 10.5%。

三、企业社会责任活动与企业战略结合不紧密

大多数企业将社会责任理解为自我宣传和广告，并充分利用慈善活动宣传企业和产品，表现出明显的功利性，让大众感觉有“商业作秀”之嫌。很少有企业从战略角度对企业社会责任进行思考，将社会责任纳入到公司的发展战略之中，真正建立社会责任战略的企业则更少。《中国企业社会责任研究报告（2017）》（以下简称《报告》）指出，医药行业社会责任发展指数为 25.9 分，总体处于二星级水平，也就是起步阶段，并且相较于 2016 年的 28.1 分还有下降，21 家样本企业中 13 家属于一星级，超过六成。企业社会责任中国网（2018）年评估数据显示，“十二五”期间民营企业利益相关方履责指数显著高于战略与治理指数、信息披露指数（信息披露指数最低）。民营企业战略与治理指数、信息披露指数始终低于 1000，说明民营企业在社会责任战略引领和管理、信息披露方面低于参评企业的平均水平。一般来讲，企业社会责任是指企业在创造利润、承担法律责任的同时，还要承担对员工、消费者、社区和环境的责任。医药企业作为与生命息息相关的行业，安全与质量应该是置于企业行动与理念首位

的因素。但是，《报告》给出的数字却让人忧心。医药行业在社会责任发展中的等级不仅仅是个“小学生”，而且责任管理中利益相关方的参与度极低，平均分仅为14.3分（总分100分）。事实上，企业的社会责任与其可持续发展是相辅相成的，虽然目前很多企业正在用承担社会责任、履行社会责任等方式，提高盈利能力和可持续发展能力，但是还有很多企业没有将企业社会责任与公司战略目标相结合，主要表现在：企业环境保护意识不强、措施不利，资源利用效率低下；企业诚信缺失，产品和服务质量亟待提高；员工权益保障效果差；缺乏对消费者的人本关怀等方面。

四、缺乏相应的社会责任环境压力与支持

履行企业社会责任既是企业内部发展需要也是利益相关者压力的要求。发达国家公民社会意识已经形成，消费者运动、劳工运动以及环境保护运动相互作用，推动着企业社会责任运动蓬勃发展。在我国目前尽管社会责任问题已经引起了社会各界的广泛关注，但利益相关者对企业施加的压力非常有限，企业实施社会责任基本上是政府主导，且以立法和执法为主，缺乏全民参与的环境氛围。

一是政府对企业社会责任的有关法律法规不完善。我国对企业社会责任立法的研究还处在初步阶段，还没有相关的立法对企业社会责任做出有效的具体规范，关于企业社会责任的规定只是散见于一些法律法规和行政性文件中，而且我国关于企业社会责任的立法体系过于分散，有关我国企业社会责任的规定涉及诸多法律法规，没有形成较为完备的立法体系，可操作性不强。如企业在履行社会责任时涉及到劳动合同、工资、劳动安全、女职工和未成年工特殊保护和职业培训等行为时，须参照《中华人民共和国劳动法》执行；在涉及到股东权利等时，须参照《中华人民共和国公司法》执行；在涉及到排污、开采等行为时，须参照《中华人民共和国

环境保护法》执行。这既使得企业增加了遵守法律的成本，又使得政府不能对企业行为进行有效的规制。

二是企业制度建设存在不足。自 20 世纪 90 年代以来，作为我国经济主体的国有企业也纷纷走上了以企业产权制度改革为中心的公司化道路。然而，从改革的实践来看，国有企业的这种公司化改革并没有真正达到现代企业制度建设的基本要求。在从传统国有企业转型而来的股份制企业中，无论是在产权明晰度方面还是产权结构方面，抑或是在公司治理机制方面都存在着一定的缺陷。这种制度和机制的缺陷，在很大的程度上决定了企业管理层缺乏对股东利益回报的责任意识，在经营实践上也缺乏创新动力，这样的结果可能是企业盈利能力的持续下降，从而无力承担起对广大股东应尽的经济责任。非国有企业企业制度建设方面问题尤其突出，部分企业如个别私营企业根本没有建立现代企业制度，所有权与经营权尚未实现分离，企业制度建设的严重缺陷使得企业社会责任的社会机制无法实现系统衔接，机制运转出现结构性障碍，根本无法推动企业承担社会责任的实践。

企业社会责任向企业竞争优势转化效应的实证研究

关于企业社会责任与企业竞争优势关系的实证分析，学者们大多是从企业财务绩效的角度进行的，但遗憾的是因为研究方法和研究内容有别，结论各异，至今也未能达成共识。对此，有学者从理论和方法上总结了五个主要原因：一是缺乏完整的理论基础；二是缺乏一个全面系统的企业社会责任指标；三是缺乏严密的研究方法；四是样本规模和样本构成有限，缺乏性质多样化的大样本；五是社会责任的社会表现和企业财务绩效变量不匹配。事实上，学者们意识到企业社会责任与企业竞争优势的关系不能简单地用财务绩效来衡量，而且企业社会责任与企业财务绩效之间也不是一种笼统的线性关系，其内部多层次性与多维度的关系比较复杂，从总体上考察它们之间的关系很有可能会掩盖有价值的变量关系。

国内关于企业社会责任与企业竞争优势关系的文献不多，实证研究更少。学者陈宏辉等（2016）以 2000~2015 年在 CSSCI 和 SSCI 期刊上中国大陆学者发表的 312 篇企业社会责任领域实证研究的论文为样本，进行了一个统计分析。统计结果表明，虽然这 312 篇论文都属于企业社会责任研究领域，但讨论的主题有 40 多种，主要集中在 7 个方面：①企业社会责任与企业财务绩效的关系(32 篇)；②企业社会责任与企业利益相关者关系（28 篇）；③企业社会责任评价指标体系（24 篇）；④企业慈善捐赠（23 篇）；⑤企业社会责任对企业形象声誉的影响（18 篇）；⑥企业社会责任与公司治理（15 篇）；⑦企业社会责任信息披露（12 篇）。国际上对企业社会责任的研究主要从制度层面、组织层面和个体层面三个层面进行，大陆学者的这 312 篇论文从组织层面来研究的有 181 篇，占论文总数的 58%，企业社会责任对企业竞争优势的影响属于典型的组织层面的研究。实证研究中，首先运用最多的理论是利益相关者理论；其次是如委托代理理论、交易成本理论、信号理论等一些经济学理论和一些宏观研究理论，典型的有资源基础理论、合法性理论和制度理论等；最后也出现了少数社会学和社会心理学领域的理论，如社会学习理论、社会认同理论、社会交换和组织认同理论等。实证研究中关于变量的选择和指标的选取，可见图 6-1 所示。关于企业社会责任对企业竞争优势影响的实证研究，麦影博士（2010）利用利益相关者理论认为企业与利益相关者的关系在社会责任影响竞争优势过程中起到中介作用。田虹（2015）基于利益相关者理论和企业竞争优势理论，分析了企业社会责任的可见性和透明度对竞争优势的影响及作用机制，并进一步探讨了企业声誉的中介作用以及善因匹配对企业社会责任特征和企业声誉的调节作用，结果表明：企业社会责任的可见性和透明度对企业竞争优势具有显著的积极影响，企业声誉对企业社会责任可见性和透明度与竞争优势的关系具有部分中介作用，善因匹配正向调节了企业社会责任可见性和透明度对企业声誉的影响，不过对透明度的调节作用更加显著。陈宏辉（2016）基于资源基础理论和产业组织理论为理论，以 183 家企业为样本调查数据探讨了企业承担社会责任与其竞争优势的关系，实证研究结果表明：只有战略性企业社会责任活动才能够为企业带来明显的竞争优势；企业所处的生命周期阶段对战略性企业社会责任与企业竞争优势之间的关系起到正向调节作用。近几年来，学者们对企业社会责任与企业竞争优势关系的研究更加倾向于深入探讨其中两者之间某些中介变量和调节变量的影响机理。譬如，袁海霞等（2015）运用企业社会责任匹配性与社会事业亲和力的调节作用，研究了企业慈善捐赠对消费者品牌态度的影响，结果表明：企业慈善捐赠的数量和功能匹配的交互作用对消费者品牌态度有显著直接影响，通过利他性归因对消费者品牌态度有间接影响；捐赠的数量与企业形象的匹配以及捐赠的形式与功能匹配通过利他性归因对消费者品牌态度产生间接影响。有的学者通过运用问卷调查的实证方法研究了合法性三个维

度（规制合法性、规范合法性和认知合法性）在企业社会责任与企业竞争优势关系的中介效应，认为合法性对于企业社会责任提高企业竞争优势的过程中具有中介作用，合法性对企业竞争优势的提高有显著的正向作用。张麟（2017）等基于社会认同理论，通过模拟招聘实验方法研究企业社会责任对求职者的影响机制以及边界条件，实验结果发现：企业社会责任显著正向影响企业的吸引力。其中，求职者预期自豪感起中介作用，企业规模起调节作用，而且企业规模影响求职者对企业社会责任行为动机的评价。

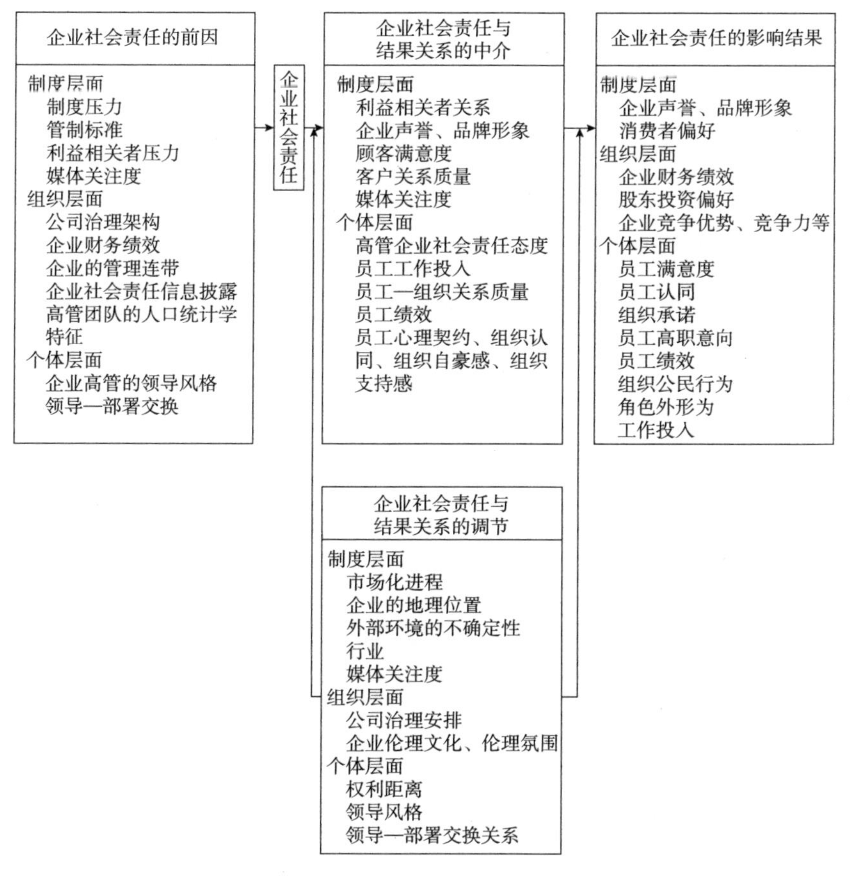

图 6-1　中国大陆学者在 CSR 领域的实证研究框架

资料来源：陈宏辉，张麟，向燕．企业社会责任领域的实证研究：中国大陆学者 2000~2015 年的探索［J］．管理学报，2016，13（7）：1051-1059.

第一节
实证研究目标

有鉴于此，本书在企业社会责任对企业竞争优势有影响的假设前提条件下，拟实现两个研究目标：①以中国企业为研究情境，从整体上对企业社会责任向企业竞争优势转化的效应进行实证研究，并进一步深入分析企业社会责任对企业竞争优势不同层次的影响；②从企业社会责任行为的视角，将企业社会责任分解为四种不同的行为，实证分析不同企业社会责任行为类型向企业竞争优势不同层次的转化效应，检验企业对于社会责任的不同态度和动机从而产生的不同企业社会责任行为对企业竞争优势影响的效度和强度。

第二节
指标选取、数据来源与实证模型的构建

一、指标选取

（一）因变量——企业竞争优势

关于企业竞争优势的评价，学术界存在着诸多不同见解，国内相关学

者构建了不同的测评指标与测评体系（王建华、王方华，2002；金碚，2003）。其中，由金碚等（2003）主持的“中国经营报企业竞争力监测体系”产生了较大影响，将企业竞争力指标分为两大类：测评指标和分析指标。测评指标反映竞争结果或最终表现，分析指标反映竞争力的原因或者决定因素。同理，企业竞争优势的指标也可以从分析指标和测评指标两方面来反映。根据企业竞争优势的构成内容与CSR向企业竞争优势转化的机理，对竞争优势的评价指标从三个方面来分解：企业资源与能力（分析指标）、企业价值和企业绩效（测评指标）。

（1）企业资源能力优势指标。一个企业的资源与能力是企业竞争优势的基础，根据利益相关者理论认为，最能反映CSR活动带来资源能力优势的指标是社会资本。我国学者边燕杰和丘海雄（2000）认为社会资本是行动主体与社会的联系以及通过这种联系摄取稀缺资源的能力。Nahapier和Ghoshal（1998）首次对社会资本、智力资本和竞争优势三者关系进行了研究，认为通过交换和整合社会资本有助于创造新的智力资本，形成竞争优势，企业内高密度社会资本比市场更有利于形成企业竞争优势。笔者认为，从资源基础论（RBT）看，企业通过内外部关系网络摄取和整合关键性资源是企业的一种能力与优势，因此，企业获得的社会资本可以作为CSR向企业竞争优势资源和能力层面转化的代表变量。企业社会资本的主流方法是运用大规模问卷调查来量化企业的社会资本。Westlund（2003）采用问卷调查方式将企业社会资本分为内、外两部分，企业内部管理者与员工之间的关系当作企业内部社会资本，企业外部社会资本则分为生产、环境、市场等社会资本。Collins和Clark（2003）采用Likert量表来衡量企业的社会资本，通过企业内外部人际关系选项进行测量。本书借鉴我国学者赵瑞等（2012）的测量方法将企业社会资本分为外部企业社会资本和内部企业社会资本。外部企业社会资本主要表现为企业资源获取能力，内部企业社会资本主要表现为企业个人资源获取能力。为了简化模型，内外部社会资本各选取一个指标。外部社会资本选取反映五大能力之一的投资能力（五大能力指：融资能力、投资能力、生产能力、销售能力和协调能力），数据用关联方交易金额占营业收入的比率获得，指标反映企业与其他利益相关者的关系；内部企业社会资本选用员工资本，数据用应付职工薪酬与营业收入的比率获得，指标反映员工对企业的忠诚度。

（2）企业价值优势指标。为了衡量企业价值优势，本书运用托宾 Q 值，从 CSMAR 和 CCER 数据库中获得相应的数据。相对于其他企业价值指标，托宾 Q 值更能全面反映企业价值的成长潜力，因为托宾 Q 值是公司市场价值对其资产重置成本的比率，用来衡量企业的投资价值，是投资者对企业成长性的市场评价，该指标值越高意味着公司的发展前景越被看好。张景峰（2008）在研究企业价值评估时，以企业竞争优势为基础来诠释企业价值，通过企业在市场上的竞争优势来分析竞争优势形成的根源，并在此基础上，运用这个指标来评估企业的竞争力，进而形成企业竞争力体系，通过对该体系的调整来评估企业价值。另外，Porter 认为，一个企业的竞争优势可用价值成本之比来衡量，在这一点上，托宾 Q 值也符合 Porter 对竞争优势的定义。由此可见，企业价值是可被竞争优势评估和反映的，即企业价值在某个层面上可以作为竞争优势的一个代理变量，而托宾 Q 值反映企业投资价值同时也在一定程度上反映了企业市场价值。

（3）企业绩效优势指标。企业绩效通常被用来衡量企业生产经营和发展情况，指企业在一定经营期间内的企业经营效益和经营业绩，也被用来作为衡量企业成功与否的一个概念性指标。企业的绩效包括企业经营过程中的效率和经营结果两层含义。本书按照企业承担社会责任对绩效的影响程度，将绩效分为经济绩效和社会绩效两部分，经济绩效是可以用会计和财务指标进行衡量的，通常包括企业的盈利指标、营运指标和偿债指标三个方面。而社

会绩效是不能够用会计和财务指标进行衡量的，主要包括企业的社会形象、声誉、品牌知名度、顾客接受度以及社区、政府的支持等。本书的绩效优势指标选取两个指标：一个是代表企业卓越盈利能力的经济指标——净资产收益率，另一个是代表企业社会绩效的指标——每股社会贡献率。

（二）自变量——企业社会责任（CSR）

根据 Carroll 的总结，对 CSR 概念的演变有重要贡献的学者提出的有关公司社会责任的定义有 30 多种。影响较大的是 Carroll 四责任概念框架，认为企业的社会责任包括经济责任、法律责任、伦理责任和自愿责任。和形式多样的定义相类似，CSR 的评价指标也很多，包括 SA8000、道琼斯环球可持续发展指数、多米尼道德指数、FTSE4 Good World Social Index。根据 Reed 等的不完全统计，至少出现了 14 种以上衡量 CSR 的指标。结合中国的实际情况，近年来有部分国内学者（周晨，2010）运用李心丹（20028）提出的上市公司社会责任评价指数。它主要由每股社会贡献率、社会责任报告定量考核和社会责任信息披露程度三个具有相互逻辑关系的模块组成。

本书在实证研究 CSR 向竞争优势转化效应时，选择企业社会贡献率（企业社会贡献总额/营业收入）作为 CSR 整体指标，社会贡献率反映了企业经营获得的销售收入会在多大程度上与企业的利益相关者共享。其中，企业社会贡献总额包括工资（含奖金、津贴等工资性收入）、劳保退休统筹及其他社会福利支出、利息支出净额、应交增值税、应交产品销售税金及附加税、应交所得税及其他税收等。与绝对指标相比，相对指标能更准确反映企业的社会贡献程度，在一定程度上可以消除企业规模劣势带来的影响。

在研究 CSR 不同行为类型对竞争优势的不同影响时，按照本书第四章对 CSR 不同行为的分类分为强制性 CSR、回应性 CSR、战略性 CSR 以及利他性 CSR 行为四种类型，将 CSR 分解为四个分指标。中国社科院发表的《中国企业社会责任研究报告》根据责任管理、市场责任、社会责任、环境责任“四位一体”的理论模型，采用专家评分法根据社会责任发展指数不同得分情况将企业分为五类：卓越者、领先者、追赶者、起步者和旁观者，这种分类方法根据企业社会责任发展的阶段特征，与本书的 CSR 行为特征分类法不谋而合，只不过 CSR 行为分类是从企业对于 CSR 态度与动机的角度来说，一个企业对 CSR 的态度与动机与它的 CSR 发展阶段密切相关，因此，本书用 CSR 发展指数的分类情况作为 CSR 行为类型的代理指标。但是，基于我国 CSR 整体发展水平偏低的情况，得分 80 分以上（卓越者）的企业数寥寥无几（2012 年共 3 家），所以本书将卓越者与领先者合为一类，从而根据社会责任发展指数得到四种不同类型企业的实证数据，对应其四种不同行为类型的指标，分析 CSR“黑箱内”关系。

（三）控制变量

根据国外以往研究发现，企业履行社会责任过程中企业规模扮演着重要的角色，较大规模企业受社会大众关注相对较多，往往承担较多的社会责任（Trotman and Bradley，1981；Pava，1996；Stanwick，1998）。另外，企业所有者类型对 CSR 与企业竞争优势都有影响，国有企业相对于外资企业和民营企业角色充当上有其特殊性，社会对其履行社会责任的要求更强烈，同时国有企业更容易获得行政上的优势资源。因此，本书引入两个控制变量：企业规模和企业性质。各变量名称及含义如下：scale 代表公司规模，使用总资产的自然对数值来表示，用来控制规模因素对公司价值的影响；owner 代表最终控制企业类型的虚拟变量，分为国有和非国有（民营、外资控股）企业两类。

二、样本选择与数据来源

中国社会科学院经济学部社会责任研究中心自 2008 年 2 月成立以来，构建了一套企业社会责任管理现状和责任信息披露水平的综合评价体系，

以中国社会责任100强系列作为研究对象，对国有企业100强、民营企业100强、外资企业100强的社会责任管理现状和责任信息披露水平进行了全方位的研究，形成中国100强企业社会责任指数，每年出版《中国企业社会责任研究报告》。本书实证研究中用CSR发展指数分类情况作为CSR行为类型代理指标，在分析中CSR发展指数用变量*zs*代替。因此，本书从2009~2015年《中国企业社会责任研究报告》中的300强企业进行样本筛选，筛选原则：①研究样本为2009~2015年的面板数据，因此，如果在2009~2015年没有选中的企业将被排除；②样本数据来自CSMAR数据库和CCER数据库，如果企业从2009~2015年间相关数据不齐全的也被排除。按照以上标准，笔者逐家整理了上市公司披露的信息，排除数据不完整的公司后，最后取得78家公司七年共计546个样本的面板数据。

三、实证模型的构建

为了考察企业社会责任对企业竞争优势的影响，计算关联交易金额占营业收入的比重作为外部社会资本的代替变量，用*external*表示；计算应付职工工资占营业收入的比重作为内部社会资本的代替变量，用*internal*表示；托宾Q值用来衡量企业的投资价值，用$tobin_t$表示；净资产收益率代表企业卓越盈利能力的经济绩效指标，用roe_t表示；每股社会贡献率代表企业社会绩效的指标，用$earning_t$表示；计算企业社会贡献总额占营业收入的比重作为自变量，用*csr*表示。选择企业规模和企业性质作为控制变量，企业规模选择总资产的自然对数用*scale*表示，企业性质变量用*owner*表示，企业为国有企业时*owner*取值为1，企业为非国有企业时*owner*取值为0。

为了进一步分析CSR对企业竞争优势的影响，本书把CSR分为不同行为类型，企业社会责任发展指数在60分以上企业（卓业者和领先者）CSR行为视为利他性，企业社会责任发展指数在40~60分之间企业（追赶者）

的 CSR 行为视为战略性，企业社会责任发展指数在 20~40 分之间企业（起步者）的 CSR 行为视为回应性，企业社会责任发展指数在 20 分以下企业（旁观者）的 CSR 行为视为强制性。为此，引入三个虚拟变量：

$$altruism=\begin{cases}1，完全利他性\\0，其他\end{cases}，strategy=\begin{cases}1，战略性\\0，其他\end{cases}，responsive=\begin{cases}1，回应性\\0，其他\end{cases}$$

即当 *altruism* 取值为 1，*strategy* 和 *responsive* 取值为 0 时，代表该企业的 CSR 行为为利他性；当 *strategy* 取值为 1，*altruism* 和 *responsive* 取值为 0，代表该企业的 CSR 行为为战略性；当 *responsive* 取值为 1，*altruism* 和 *strategy* 取值为 0，代表该企业的 CSR 行为为回应性；当 *altruism*、*strategy* 和 *responsive* 取值都为 0，代表该企业的 CSR 行为为强制性。在前面分析的基础上建立五个模型分析企业 CSR 行为对竞争优势的影响。模型形式见式（6-1）。

$$y_t=\beta_0+\beta_1 csr_t+\beta_2 scale_t+\beta_3 owner_t+\alpha_1 altruism_t+\alpha_2 strategy_t+\alpha_3 responsive_t+\varepsilon_t \tag{6-1}$$

其中 y_t 分别用 $external_t$、$internal_t$、$tobin_t$、roe_t、$earning_t$ 代替。

第三节 实证结果与分析

一、变量的描述性统计

根据表 6-1 可知，企业社会责任发展指数的平均值为 39.1530，标准差为 25.4409。企业社会贡献率的平均值为 0.2781，标准差为 0.5388。不

管是用企业社会责任发展指数，还是用企业社会责任贡献率来反映企业社会责任发展水平，都清晰表明：目前中国企业社会责任发展整体水平偏低，并且参差不齐。

表 6-1　变量的描述统计

变量	*csr*	*zs*	*external*	*internal*	*tobin*	*roe*	*earning*
平均值	0. 2781	39. 1530	0. 5919	0. 0328	1. 0614	0. 0420	0. 4191
中位数	0. 1267	38. 5000	0. 0882	0. 0118	0. 5526	0. 0701	0. 2181
最大值	5. 7023	89. 8000	151. 027	2. 6046	21. 9649	0. 6520	4. 4404
最小值	0. 0024	−1	0. 0005	0. 0004	0. 0456	−10. 9225	−2. 3186
标准差	0. 5388	25. 4409	6. 9845	0. 1344	1. 9482	0. 5166	0. 6930
偏度	5. 8162	0. 1196	19. 7220	15. 8371	6. 5631	−18. 2483	1. 8444
峰度	43. 4241	−1. 2527	409. 835	279. 8519	53. 3466	379. 4833	6. 3339
样本数	546	546	546	546	546	546	546

二、变量的相关性分析

根据表 6-2 的数据：除了 CSR 与企业经济绩效之间存在负相关外，CSR 与外部企业社会本、内部企业社会资本、企业价值、企业社会绩效之间存在不显著的正相关。不过，这种相关性总体上不是很显著，其中 CSR 与资源能力竞争优势层面的内部企业社会资本的相关系数最大为 0. 4548，表明 CSR 和内部企业社会资本之间存在低度的正相关性。为了更清楚地研究 CSR 与企业竞争优势之间的关系，下面运用多元回归方程进行检验。

表 6-2　变量的相关系数表

	csr	*earning*	*external*	*internal*	*roe*	*tobin*	*scale*
csr	1. 0000	0. 0164	0. 1346	0. 4548	−0. 0238	0. 2809	−0. 0786
earning	0. 0164	1. 0000	−0. 0294	0. 0626	0. 3235	−0. 1391	0. 3827
external	0. 1346	−0. 0294	1. 0000	0. 0316	−0. 0021	0. 0012	0. 0105
internal	0. 4548	0. 0626	0. 0316	1. 0000	−0. 0156	0. 3895	−0. 0375

续表

	csr	earning	external	internal	roe	tobin	scale
roe	−0. 0238	0. 3235	−0. 0021	−0. 0156	1. 0000	−0. 2636	0. 17942
tobin	0. 2809	−0. 1391	0. 0012	0. 3895	−0. 2636	1. 0000	−0. 4477
scale	−0. 0786	0. 3827	0. 0105	−0. 0375	0. 17942	−0. 4477	1. 0000

三、多元回归分析

本书期间为 2009~2015 年七年的数据，但并不是每个公司都有 CSR 信息披露，因为样本数据为不平衡的面板数据，而且通过面板数据的统计分析得出，各单个面板在研究期间内的差异很小，因此，本书建立混合面板数据模型，利用 OLS 方法对模型（6−1）中的各参数进行估计，结果见表 6−3 所示。

表 6−3　CSR 行为回归模型的结果比较

	模型 1	模型 2	模型 3	模型 4	模型 5
因变量	$external_t$	$internal_t$	$tobin_t$	roe_t	$earning_t$
截距	−3. 4218 (−0. 9962)	0. 0338 (0. 5681)	10. 3205 *** (12. 7490)	−0. 9894 * (−3. 9141)	−2. 4506 *** (−8. 0728)
csr_t	2. 0174 *** (3. 4643)	0. 1114 *** (11. 0337)	0. 8248 *** (6. 0066)	−0. 0105 (−0. 2455)	−0. 0184 (−0. 3588)
$scale_t$	0. 1553 (1. 0916)	−0. 0015 (−0. 5946)	−0. 3936 *** (−11. 7362)	0. 0439 * (4. 1996)	0. 1251 *** (9. 9498)
owner	1. 4557 (2. 1050)	−0. 0110 (−0. 9195)	−0. 4491 *** (−2. 7542)	0. 0119 (0. 2341)	−0. 3545 *** (−5. 7999)
altruism	−1. 9611 ** (−2. 2394)	0. 1356 (0. 8937)	0. 8195 *** (3. 9686)	−0. 0843 (−1. 3083)	−0. 0198 (−0. 2560)
strategy	−2. 2079 ** (−2. 2145)	0. 0302 * (1. 9056)	0. 6237 *** (2. 8886)	−0. 0603 (−0. 8949)	−0. 0102 (−0. 1265)
responsive	−1. 6514 ** (−1. 8825)	0. 0041 (0. 2699)	0. 7375 *** (3. 5651)	−0. 1179 * (−1. 8264)	0. 0406 (0. 5283)
R^2	0. 0359	0. 2043	0. 2923	0. 0391	0. 2065

注：表中第一行的数据为变量的回归系数，第二行括号中的数据为 t 检验统计量，* 表示在 10%的显著性水平下通过显著性检验；** 表示在 5%的显著性水平下通过显著性检验；*** 表示在 1%的显著性水平下通过显著性检验。

因此，接下来将样本分为四组，企业社会责任发展指数在60分以上企业视为利他性CSR组，企业社会责任发展指数在40~60分之间企业视为战略性CSR组，企业社会责任发展指数在20~40分之间企业视为回应性CSR组，企业社会责任发展指数在20分以下企业视为强制性CSR组。然后，根据式（6-2）来研究企业CSR行为对企业竞争优势的影响。研究结果见表6-4至表6-8。

$$y_t=\beta_0+\beta_1 csr_t+\beta_2 scale_t+\beta_3 owner_t+\varepsilon_t \quad (6-2)$$

其中 y_t 分别用 $external_t$、$internal_t$、$tobin_t$、roe_t、$earning_t$ 代替。

表6-4结果表明：四种类型的CSR对外部企业社会资本产生了显著的正影响，强制性CSR对应的回归方程的拟合程度最低（$R^2=0.0521$）。战略性CSR对外部企业社会资本拟合度最高和影响显著（$R^2=0.7246$，$csr_t=0.7271$），这表明：积极履行社会责任的企业会对其利益相关者有积极影响，换句话说，会得到利益相关者的支持，尤其是将CSR行为纳入企业战略的企业，利益相关者对其支持的力度更大。

表6-4　CSR行为对外部企业社会资本的影响

	强制性CSR	回应性CSR	战略性CSR	利他性CSR
因变量	$external_t$	$external_t$	$external_t$	$external_t$
截距	-18.8331 (-1.5516)	0.1048 (0.4693)	0.6291*** (3.8369)	0.2124 (1.1976)
csr_t	3.2823** (2.4963)	0.4072*** (13.2618)	0.7271*** (17.0138)	0.5456*** (10.6298)
$scale_t$	0.7529 (1.4801)	-0.0022 (-0.2328)	-0.0275*** (-3.9690)	-0.0108* (-1.6806)
$owner$	3.3664* (1.7433)	0.0153 (0.3537)	-0.0004 (-0.0092)	0.1045*** (2.6185)
R^2	0.0521	0.6367	0.7246	0.4915

注：表中第一行的数据为变量的回归系数，第二行括号中的数据为t检验统计量，*表示在10%的显著性水平下通过显著性检验；**表示在5%的显著性水平下通过显著性检验；***表示在1%的显著性水平下通过显著性检验。

表 6-5 结果表明：四种 CSR 行为对内部企业社会资本都具有显著的正效应，战略性 CSR 对内部企业社会资本的转化效应影响最大。这说明企业员工对于积极进行 CSR 行为的企业会更加有“好感”，对于员工的 CSR 贡献率越高，内部企业社会资本增加越高，员工忠诚度也越高。这个实证研究结论与部分国内外学者的研究结论是一致的（Backhaus，2002；Peterson，2004；卢涛，2009；苗莉，2012）。

表 6-5 CSR 行为对内部企业社会资本的影响

	强制性 CSR	回应性 CSR	战略性 CSR	利他性 CSR
因变量	$internal_t$	$internal_t$	$internal_t$	$internal_t$
截距	0. 1796 (1. 0057)	0. 1744 (0. 8233)	0. 2137 ** (2. 2690)	-0. 0418 * (-1. 7085)
csr_t	0. 1187 *** (6. 1396)	0. 2257 *** (7. 7544)	0. 2652 *** (11. 8842)	0. 0342 *** (4. 8335)
$scale_t$	-0. 0082 (-1. 0892)	-0. 0075 (-0. 8552)	-0. 0087 ** (-2. 4105)	0. 0034 *** (3. 8137)
owner	0. 0112 (0. 3951)	-0. 0178 (-0. 4339)	-0. 0283 * (-1. 3687)	-0. 0341 *** (-6. 1992)
R^2	0. 2059	0. 3926	0. 5773	0. 5182

注：表中第一行的数据为变量的回归系数，第二行括号中的数据为 t 检验统计量，* 表示在 10%的显著性水平下通过显著性检验；** 表示在 5%的显著性水平下通过显著性检验；*** 表示在 1%的显著性水平下通过显著性检验。

从表 6-6 变量回归系数看，四种 CSR 行为对企业价值层面的影响是正向的，统计意义上都显著，但根据回归系数可知强制性 CSR 行为转化效果最差，利他性 CSR 行为转化效果最好，这很好地说明了企业如果积极主动进行 CSR 行为而获得的“声誉效应”能从企业市场价值反映出来。

表 6-6 CSR 行为对企业价值的影响

	强制性 CSR	回应性 CSR	战略性 CSR	利他性 CSR
因变量	$tobin_t$	$tobin_t$	$tobin_t$	$tobin_t$
截距	6. 2057 *** (4. 8669)	15. 6083 *** (4. 8980)	8. 5025 *** (10. 5696)	13. 1908 *** (7. 6904)
csr_t	0. 5878 *** (4. 2561)	1. 1930 *** (3. 3089)	1. 1136 *** (5. 8422)	3. 9357 *** (7. 9302)
$scale_t$	−0. 2219 * (−4. 1526)	−0. 5733 *** (−5. 2910)	−0. 3175 *** (−10. 2806)	−0. 5033 *** (−8. 0464)
owner	−0. 0822 (−0. 4050)	−0. 8021 (−1. 5807)	0. 0618 (0. 3505)	−0. 3491 (−0. 9044)
R^2	0. 2123	0. 3520	0. 5177	0. 5537

注：表中第一行的数据为变量的回归系数，第二行括号中的数据为 t 检验统计量，* 表示在 10%的显著性水平下通过显著性检验；** 表示在 5%的显著性水平下通过显著性检验；*** 表示在 1%的显著性水平下通过显著性检验。

从表 6-7 数据显示四类不同 CSR 行为对企业经济绩效的影响，回应性 CSR 行为、战略性 CSR 行为对经济绩效产生了正的影响，但统计意义不显著，而强制性 CSR 行为和利他性 CSR 行为对经济绩效产生了负的影响，但统计意义不显著。这个结果表明，我国 CSR 行为向竞争优势转化的过程中，对于达到提高经济绩效这个层面的结果不够理想，但是对于不积极进行 CSR 活动和信息披露的企业（旁观者），经济绩效的负面效应已经显现出来，这也从另一个角度说明我国的 CSR 责任市场基本建立起来，对企业的 CSR 行为起到了一定强制性规范作用。而利他性 CSR 也产生了负面效应，说明现阶段我国企业 CSR 活动如果不注重方式方法，一味追求“高尚道德”德行，确实会增加企业成本造成企业短期财务负面影响。

表 6-7 CSR 行为对经济绩效的影响

	强制性 CSR	回应性 CSR	战略性 CSR	利他性 CSR
因变量	roe_t	roe_t	roe_t	roe_t
截距	−0. 8061 *** (−3. 6562)	−2. 5645 ** (−2. 2165)	−0. 2679 *** (−3. 3953)	−0. 0418 * (−1. 7085)

续表

	强制性 CSR	回应性 CSR	战略性 CSR	利他性 CSR
csr_t	-0.0375 (-1.5704)	0.0723 (0.4550)	0.0178 (0.9555)	-0.0671 (-1.3637)
$scale_t$	0.0377*** (4.0858)	0.1010** (2.1148)	0.0148*** (4.8961)	0.0297*** (4.7959)
owner	-0.0439 (-1.2540)	0.0765 (0.3422)	-0.0434** (-2.5083)	0.0099 (0.2612)
R^2	0.1162	0.0468	0.2334	0.1694

注：表中第一行的数据为变量的回归系数，第二行括号中的数据为 t 检验统计量，* 表示在 10%的显著性水平下通过显著性检验；** 表示在 5%的显著性水平下通过显著性检验；*** 表示在 1%的显著性水平下通过显著性检验。

如表 6-8 所示，利他性 CSR 行为对社会绩效产生了显著的正的影响，战略性 CSR 行为对社会绩效产生了正的影响，但统计意义不显著；回应性 CSR 行为、强制性 CSR 行为对社会绩效产生了负的影响，但统计意义不显著。

表 6-8　CSR 行为对社会绩效的影响

	强制性 CSR	回应性 CSR	战略性 CSR	利他性 CSR
因变量	$earning_t$	$earning_t$	$earning_t$	$earning_t$
截距	-1.8427*** (-2.8186)	-2.2294*** (-3.0009)	-2.2297*** (-3.7878)	-3.2529*** (-4.6952)
csr_t	-0.0862 (-1.2173)	-0.0643 (-0.63033)	0.1164 (0.8317)	0.4433** (2.2114)
$scale_t$	0.0968*** (3.5358)	0.1217*** (3.9695)	0.1164*** (5.4176)	0.1515*** (5.9963)
owner	-0.1471 (-1.4146)	-0.4226*** (-2.9419)	-0.5242*** (-4.2695)	-0.3373** (-2.1630)
R^2	0.0895	0.1162	0.3198	0.3093

注：表中第一行的数据为变量的回归系数，第二行括号中的数据为 t 检验统计量，* 表示在 10%的显著性水平下通过显著性检验；** 表示在 5%的显著性水平下通过显著性检验；*** 表示在 1%的显著性水平下通过显著性检验。

第四节 研究结论与启示

根据实证分析的结果，得到以下结论：①目前我国企业 CSR 的现状是整体水平偏低,并且发展水平参差不齐。②总体上看，CSR 对于企业竞争优势有显著提升效应；CSR 向企业竞争优势转化的过程中，对竞争优势各层面的转化效应不一样。在资源与能力层面（企业内外部社会资本以及企业价值）产生了显著的正影响，但在绩效层面（经济绩效和社会绩效）产生了不显著的负影响。③企业规模越大，CSR 行为对企业竞争优势转化效应越显著；非国有企业相对国有企业，社会绩效转化效应更显著。④不同类型的 CSR 行为向竞争优势转化的效应不同，战略性 CSR 行为对企业内外部社会资本转化效应最显著，利他性 CSR 行为对企业价值和社会绩效效果最好。根据以上实证研究的结论，进一步对相关问题进行解释与讨论，得出相关的企业社会责任管理启示。

第一，目前我国企业社会责任现状是整体水平偏低，企业之间社会责任发展水平参差不齐。无论是运用企业社会责任发展指数，还是企业社会责任贡献率，均反映出我国企业社会责任发展水平偏低，而且企业之间企业社会责任发展水平差距较大，不同行业间企业社会发展水平差距更大。实际上，企业社会责任问题既是一个观念问题，更是一个行动问题，企业社会责任活动的有效履行需要企业在转变观念的前提下自觉行动，才能形成一种可持续性发展行为。然而，观念的转变首先是社会各界对这一观念的理解、赞同和支持，在此基础上，完善的法律制度、良好的社会公约及规范以及习惯化了的企业社会责任意识才能真正促进企业承担社会责任。然而目前在我国企业履行社会责任的实践活动中，普遍存在以下几个方面的问题。

首先，企业社会责任的理念与意识有待于强化和规范。众所周知，企业与人一样，属于精神层面的理念与意识直接影响企业的行为。在我国企业社会责任的实践过程中，普遍表现出社会责任理念与意识的缺乏。虽然理论界和各级政府不断举办各种形式的研讨会，推动相关法律法规的制定，各方媒体大力参与宣传以及通过各种形式进行奖励和推广企业社会责任理念、意识与行为，但往往还只停留在表层而没有深入开展起来。目前我国企业社会责任理念推广过程中主要存在以下几个方面的问题。其一，企业社会责任理念过于抽象化。我国目前对于社会责任理念的关注主要还是集中在理论界，而且结合我国企业实际情况的比较少，大多是研究国外的理论；企业界主要将社会责任理念当成一种行政命令，没有充分认识到对企业发展的重要性，从而很难从经营理念上实现根本转变。其二，企业社会责任理念大企业化。很多人认为承担企业社会责任是大型企业或者仅仅是国有企业考虑的事情，与民营企业和外资企业的关系不大，这种思想很不利于社会责任理念的推广。进行企业履行社会责任的宣传时，大多以大中型企业为主，从而使很多中小企业从初创期就没有社会责任意识。其三，企业社会责任理念片面化。很多企业的管理者对于企业社会责任的内涵缺乏完整的理解，在社会责任实践活动中往往本末倒置，忽视基本的社会责任，反而更多关注企业慈善捐赠等社会公益方面。其四，企业社会责任理念有待规范化。理念是抽象的，需要通过具体的规范表达出来。企业社会责任理念在实践活动中，也需要告诉企业到底应该怎样去履行社会责任。尤其是我国企业具体情况不同，能力大小有别，需要明确规范企业行

动的客观标准，而不是靠企业各自的主观认识，从而使履行企业社会责任组织化和常态化。

其次，缺乏推动企业履行社会责任的动力。虽然企业社会责任的履行主要靠自律来实现的，但外部压力往往是促使企业进行自律的重要动力机制。现阶段，我国企业承担社会责任处于主要靠政府引导、社会推动阶段。现实情况是，目前我国处于社会转型时期，法律法规制度不完善、社会各界对企业社会责任认识不足以及各种民间力量缺乏等原因，使得社会没有形成强大的压力来推进企业社会责任的履行。例如，虽然有相关的法律如《消费者权益保护法》《劳动者权益保护法》《产品质量法》以及《工会法》等法律，但受传统观念、人员素质以及利益冲突等多方面因素影响，真正落实到位还需加强，无法发挥法律的强制作用。另外，政府各职能部门还没有彻底扭转仅仅以经济指标评价企业经营成果的观念；具有公信力的民间组织、媒体等社会舆论监督作用十分有限。

最后，企业社会责任发展不平衡性。对于所有企业而言都应该履行社会责任，但现实中大企业尤其是国有企业在产品质量、员工权益、环境保护、公益慈善等方面普遍好于中小企业。许多中小企业生产假冒伪劣产品、拖欠工资、随意排污等基本社会责任都不履行，但又重视慈善公益活动，出现有些企业是慈善捐赠的主力军，但在基本责任上却饱受社会批评的现象。从企业内部管理来看，大多数企业没有将社会责任纳入日常经营范围，也没有专门机构，使企业社会责任工作随意性很大。对于企业社会责任认证问题，大多是迫于压力和竞争的需要，耗费了大量的人力、物力却只关注认证的形式，并不去真正按照社会责任认证的国际标准履行。

第二，企业社会责任向企业竞争优势转化的过程中，对企业竞争优势各层面的转化效应不同，在资源与能力层面（企业内外部社会资本以及企业价值）产生了显著的正影响，但在绩效层面（经济绩效和社会绩效）产

生了不显著的负影响。这一创新性的结论（发现）破解了为什么以往国内外众多学者研究 CSR-CFP 关系时得出不同结论之“谜”。因为在学者研究的过程中，所选择的样本企业经济发展阶段不一样，企业社会责任发展水平也不一样，企业社会责任活动向竞争优势转化的效应完全有可能不一样。另外，众多学者在进行实证研究时，大多以企业经济绩效指标作为企业竞争优势指标，指标存在单一性和片面的。实际上，从前面的理论分析可知，企业竞争优势的构成是多层次与多维度的，众多学者若仅以财务绩效指标代替竞争优势指标，由于各企业发展情况不同，企业社会责任活动对企业的影响可能还没有从绩效层面反映出来，部分企业的社会责任活动有可能还仅仅只影响到企业竞争优势的基础层面——资源与能力层面。众所周知，企业的资源与能力不一定会自动转化为企业卓越的财务绩效，这种转化还要历经企业层层的“动态战略行动”，最终能否成就卓越的财务绩效将不可知。这也是为什么学者们通过大量实证研究后，发现 CSR-CFP 之间存在着正相关、负相关甚至是不相关差别迥异结论的原因。有一部分学者也意识到了有可能是样本选择差异所造成的，但没有探究到根本原因是什么，在此，基于企业竞争优势来源构成的多层次性，可以给 CSR-CFP 关系之谜一种合理的解释。

另外，从我国样本企业实证研究的结果看，企业社会责任向企业竞争优势转化的过程中，其转化效应在竞争优势的三个层面：资源能力优势→企业价值优势→企业绩效优势显著性逐渐减弱，这与我国实际情况也是相符的。充分说明我国企业社会责任发展水平较低，企业社会责任活动对企业经济绩效与社会绩效还没有形成显著的正向效应。20 世纪 50、60 年代企业社会责任运动在全球掀起，但 20 世纪 90 年代初期企业社会责任的概念与意识才影响到我国的企业。对于“什么是企业社会责任”“要不要进行企业社会责任”在理论界与实业界争论相当长时间，虽然现在已基本达

成共识，但大多企业还是处于一种国家法律法规以及供应链中应对企业社会责任压力的“被动回应”状态，这样难以产生“有效”（如产生卓越的财务绩效）和“长效”（持之以恒进行企业社会责任）机制。例如，我国学者王开田等（2010）通过对194个民营企业的调研发现，尽管大部分民营企业主观上愿意承担相关社会责任，也认可履行企业社会责任会提升企业形象的观点，但大多数民营企业不太认可履行企业社会责任可以增强企业经济绩效的观点。因此，对于这种承担企业社会责任产生的模糊效果看法极大挫伤了企业积极性，这也是中国企业在履行企业社会责任方面的普遍现象。

第三，施加第一个控制变量——企业规模后，研究结果是企业规模与企业价值显著负相关，与企业经济和社会绩效显著正相关。这个结果表明：企业规模越大，企业社会责任行为向企业市场价值优势转化的效应越低，但对经济绩效和社会绩效的转化效应越高。这看似矛盾的结论其实隐含着企业社会责任活动在中国现实情境中的复杂情形。规模越大的企业，可能承担的社会责任会更多，企业慈善捐助的力度会更大。主要原因有：①规模越大的企业，从事慈善公益活动方面面临的社会压力越大。因为大企业相对于小企业而言，所涉及的利益相关者更多，形成的社会契约更广泛和更复杂，它们的社会责任行为也更容易引起人们的关注，所以规模越大的企业对自身的行为更加谨慎和负责，对于企业社会责任问题也更加重视，企业社会责任的承诺也更强。另外，由于大企业影响广泛更容易受到政府的特别关注，政府出于社会舆论压力和公共利益的考虑，也会对大企业的一举一动实施更加严密的监督，约束和督促它在社会责任方面做得更好。②大企业的资源更丰富，企业规模越大，也意味着企业经济实力可能越强，越有实施慈善捐赠的经济条件和能力，越有实力承担更多的社会责任。实证研究表明，企业规模在企业竞争优势的绩效层面均呈现显著正相关，也说明了现阶段主要还是大型企业承担起我国企业社会责任。在这种情况下，一方面，大企业承担更多的社会责任会大大影响股东（尤其是中小股东）对企业财务绩效下降的预期。大部分中小股东一般只关注企业短期财务绩效，承担企业社会责任活动譬如大数额的慈善捐赠必然降低企业市场价值。另一方面，如果大企业的社会责任活动只是迫于舆论压力或是仅仅为了平衡各方利益诉求而不得已“说一套，做一套”，公众会对其履行社会责任表现“言行不一致”的“伪善”行为有所感知与怀疑，这也会直接对企业市场价值产生负面影响。现实中我国企业会出现一方面表现出积极的企业社会责任行为，譬如热衷慈善捐赠、公益活动，但另一方面在企业内部却忽视员工福利和工作环境的改善等。李四海等（2012）甚至专门研究了“亏损企业慷慨捐赠背后”的原因。他们发现，许多企业在经营面临困境、出现亏损的状况下也慷慨捐赠。这不免让人生疑，这些企业在股东等利益相关者的利益都没有得到合理保证的情况下，为何进行慷慨捐赠？捐赠究竟可以给企业带来什么样的回报？基于对上述问题的分析，他们选择年度亏损上市公司这一特殊样本组，通过政府补助这一中介变量，研究了政府的支持对企业慈善捐赠行为的影响。结果发现：民营亏损企业的捐赠行为确实受到政府利益（补助）的影响，即有政治联系的民营亏损企业获得政府补助更多，他们参与捐赠的可能性也越大，捐赠水平更高，而获得更多政府补助的国有亏损企业捐赠水平并没有表现出显著差异。结论表明：在转轨经济背景下政府对企业的行为影响深远，政府控制资源的能力越强，企业的行为越容易受到政府利益等一些非市场因素的影响。民营亏损企业捐赠的背后隐藏着基于政府利益（补助）的交换，在我国当前的企业捐赠行为中，存在着基于互惠交换的理性捐赠。

对于施加第二个控制变量——企业性质后，结论是企业性质只与企业社会绩效显著负相关外，企业竞争优势其他方面的指标与企业性质没有显

著相关性。本书设定国有企业为虚拟变量 1，说明该负向调节对应的是非国有企业，反映了非国有企业的企业社会责任活动与国有企业相比，对企业社会绩效水平的影响作用更大。这是因为国有企业从它诞生之日起，就是政府行使社会职能的工具，即国有企业的“身份”决定了它在社会当中扮演的“角色”，也就是说如果国有企业承担更多的社会责任，公众会认为这是天经地义、理所当然的事情。但非国有企业则不同，非国有企业履行企业社会责任会被认为是道德高尚的“企业公民”行为。

第四，企业的企业社会责任行为不同，企业社会责任向企业竞争优势转化的效应不同，战略性 CSR 行为对竞争优势资源能力层面转化的效应最显著，利他性 CSR 在企业价值层面转化效应最显著。这个结论的解释应该从企业成长不同阶段说起。一般来说，企业社会责任行为会随企业成长阶段的发展而变化，因为企业在不同的成长阶段面临的环境也会发生各种变化，企业承担社会责任的态度、内容、范围和方式等都会随之改变。Sethi（1975）提出了一个企业社会责任行为的三阶段模型：社会义务（Social Obligation）阶段、社会责任（Social Responsibility）阶段、社会响应（Social Responsiveness）阶段。在社会义务阶段，企业行为由市场力量和法律法规推动，企业处于被动、强制地位，态度消极；在社会责任阶段，企业行为与主流的社会规范、价值观和社会期望相一致，企业基本接受这些约定性、惯例性的内容，消极态度逐渐缓解，但也不会主动采取更多的措施；在社会响应阶段，企业不是对眼前社会压力做出反应，而是从长远发展角度考虑自己在动态社会系统中应当扮演的角色，所以它的行为是预测性的和预防性的，企业对于社会责任不但没有消极态度，而且还会积极主动承担一些当前社会规范没有期望的社会责任。这个模型具有很大的启发性，它细致地分析了企业成长过程中企业社会责任行为表现不断改善的原因。但这个模型是对所有企业的社会责任行为所做的概括，并非针对单个企业的发展过程。

对于有的企业而言，可能从创建到消亡都一直处在某个阶段，不一定能够完整经历所有的阶段。Carlisle 和 Faulkner（2004）从而针对单个企业成长过程，从文化嵌入角度提出了企业社会责任演进概念模型，将企业社会责任发展演变分为意识培育、意识觉醒、初步实施和全面推广四个阶段，不同阶段企业社会责任内容的具体表现见表 6-9。本书将基于企业成长阶段、责任态度与动机以及责任内容对不同企业社会责任行为进行了分类，实证研究表明企业只有将社会责任行为纳入到企业战略中去（战略性 CSR），重新审视企业与社会之间的关系，自愿参与非强制性的、非法律或伦理要求的各项社会活动（利他性 CSR），即进入到企业社会责任演进模型中的第四个阶段——全面推广阶段，企业社会责任行为向企业竞争优势的转化才会遵循“资源能力→战略行动→战略绩效”的模式演进。

表 6-9 企业社会责任演进模型

培养意识阶段	提高认识阶段	初步实施阶段	全面推广阶段
高管人员认识到 CSR 问题； 制定政策； 把政策与企业使命联系起来	强化对 CSR 问题和企业形象的认识； 指定专人对政策进行审查； 发表 CSR 报告	发布量化指标； 为各部门执行政策提供指导方针； 把利益相关者纳入 CSR 报告传播范围	制定具体程序； 根据量化指标监控设施效果； 采取适当措施确保政策有效执行

资料来源：Carlisle，Faulkner. Corporate social responsibility：a stages framework［J］. European Business Journal，2004，16（4）：145.

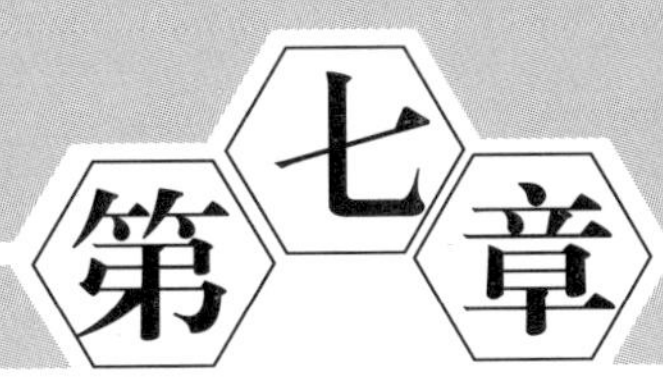

企业社会责任与企业战略整合的逻辑与实施路径

企业社会责任的概念和所包含的内容范围在经过几十年的发展后，已经得到了深化和更加清晰的认识。目前，企业社会责任已经成为企业战略的重要组成部分，管理者的思想也开始逐渐转变，在行动上越来越多的企业将社会责任理念纳入到企业经营战略以及核心业务发展中。2005~2006 年的世界经济论坛在全国竞争力报告中用一章专门阐述了环境和社会问题成为企业竞争战略和竞争优势的源泉，即企业社会责任以一个新的范式成为企业竞争优势资源被国际机构、理论界以及实业界所接受。一般来说，当企业管理者将社会责任整合到企业核心业务中增加企业收益时，就认为这种社会责任具有战略性，企业社会责任与企业战略整合过程便是战略性企业社会责任的初级阶段。

目前，虽然许多企业意识到企业社会责任的重要性，认为它不再是企业额外的成本或负担，而是可以用来能够帮助企业加强公共关系、提高企业声誉、降低经营风险等获取收益和企业竞争优势，于是开始竭力寻求进行企业社会责任活动最好的方式。但是，正如 Porter 和 Mark（2006）所说：许多企业常见的活动既不是战略性的，也不是操作性的，往往沉浸在公共关系与媒体宣传的美化中。譬如，有的企业试图基于某些企业社会责任活动来打造企业形象，但是找不到关键点。它们往往通过在社会和环境方面的慈善行为表现出自己对企业社会责任的关注，但是这种做法不具有可持续性。

因为战略管理理论强调企业成功的关键是创造竞争优势，战略管理者也证实了企业社会责任行为能够以新的形式增加企业的资源与能力，资源基础理论使企业社会责任的经济学解释和战略性理论不断加强，但这与战略性企业社会责任还是有区别的。企业社会责任是具体的行动方案，为战略性 CSR 服务，战略性 CSR 是一种战略思维模式的根本改变，使企业战略通过社会责任影响利益相关者，间接影响企业声誉等企业竞争优势。另外，根据前文实证研究的结果，战略性企业社会责任行为对企业竞争优势转化的效应最显著，因此，企业需要将社会责任活动整合到战略中去，构建与企业利益相关者如员工、消费者、商业伙伴以及环境等之间的战略关系，创建企业竞争优势和可持续发展企业社会责任活动。有鉴于此，本章主要围绕理论认识与实践操作两个方面探讨企业社会责任与企业战略如何进行整合，即如何进行战略性企业社会责任（Strategic Corporate Social Responsibility，SCSR）。

第一节 战略性企业社会责任

一、战略性企业社会责任的内涵

战略性企业社会责任的思想可以追溯到 Peter Drucker（1984）发表的《企业社会责任新意义》这篇文章，他认为企业应该把社会责任问题转化为商业机会、经济利益、生产能力、工作岗位以及社会财富等。战略性企业社会责任的概念最早是 1996 年 Burker 和 Logsdon 提出的，他们认为传统企业社会责任行为对利益相关者有价值，但对企业却是非战略性的。只有当企业社会责任行为能够产生商业利益时，特别是有助于支持核心业务和提高生产效率时，它才是战略性的企业社会责任行为。另外，Burker 和 Logsdon（1996）基于五个维度还提出了识别战略性企业社会责任的特征，即中心性、先动性、自愿性、专用性和可见性。Lantos（2001）从责任性质和行为动机视角，

将企业社会责任划分为伦理性、战略性和利他性三种类型。

其中，伦理性企业社会责任行为指企业的经营活动对社会损害最小化的行为，是一种强制性责任，涵盖了作为一个道德个体的企业必须承担的经济责任、法律责任和道德责任。从本质上看，这些责任活动都属于企业社会义务的表现，是企业必须做到的，不需要得到额外赞扬。利他性企业社会责任行为属于自愿性 CSR，它是基于纯粹的社会目标的一种人道主义行为或者慈善公益活动，帮助社会解决并非企业所致的公共问题，其目的是促进提高社会福利和改善人民生活水平。利他性 CSR 不是企业强制性的义务，企业能否从中获益是不确定的，因此，利他性企业社会责任行为的合理性遭到了新古典主义学派的质疑，认为企业的经济性行为与社会目标是无法取得一致的。战略性企业社会责任是指企业在承担社会责任、提高社会福利的同时也能够实现企业战略目标。其基本思想是实现企业经济利益与社会利益的有机统一，即创造企业与社会价值共享。辨别战略性和利他性企业社会责任行为主要在于自愿性 CSR 行为动机是投资目的还是其他。广义的战略性 CSR 行为是指能够为企业带来长期经济利益的行为，包括获得如新的市场机会等可以明确衡量的直接投资回报，还包括如企业声誉等无形的间接回报；狭义的战略性 CSR 一般理解为能为企业带来直接经济效益的慈善行为。

Husted 和 Allen（2007）基于 Burker 和 Logsdon（1996）提出的战略性企业社会责任的五个特征，对传统 CSR、传统战略和战略性 CSR（SCRR）进行了分析比较，见表 7-1 所示。他们认为，战略性企业社会责任相对于传统企业社会责任的最大不同体现在五个特征方面的不同，前者更具有战略价值；战略性企业社会责任与传统战略相比，最大的不同在于战略性 CSR 考虑企业与社会关系的角度更广泛，正如 Drucker（1984）所言，战略性企业社会责任把社会问题纳入到了企业战略的范畴，积极从社会问题中寻求市场机会，进行产品创新和服务创新创造新价值。通过对比，可以明显看出战略性企业社会责任的优势，理解战略性企业社会责任与传统企业社会责任战略的区别。传统企业社会责任战略中最有影响力的是企业社会回应和三重底线战略，本质上是一种外在的和被动适应的战略。因为企业社会回应战略是为了应对来自社会和利益相关者的压力，降低外部威胁和风险。三重底线战略同样也是通过守住底线，赢取社会认同和合法性，促使企业系统考虑自身的社会义务。战略性企业社会责任本质上是把社会责任问题纳入企业核心价值主张，把企业社会责任的履行视为企业与社会共享价值创造的战略机会，并以此获得可持续企业竞争优势。它要求企业一种全新的思维和行为方式，基于企业与社会共生的理念，充分发挥自身的社会影响，并把其视为战略的重要组成部分，最终不仅使利益相关者满意，还进一步提升企业社会融入度使之成为社会企业。另外，Porter 和 Kramer（2006）基于企业竞争优势理论和社会共生理论，根据社会问题的不同性质以及应对的不同模式，将企业社会责任划分为反应性 CSR 和战略性 CSR。反应性 CSR 是一种被动的趋利避害类型，战略性 CSR 是主动的，其目的是在解决社会问题的同时获取可持续竞争优势。他们进一步将战略性 CSR 分为价值链创新和竞争环境投资两种。前者指为解决社会问题进行企业价值链创新；后者指通过投资于竞争环境中能够促进企业竞争力提升到社会项目，建立起企业与社会价值共享的共生关系。战略性 CSR 的关键在于通过审视企业与社会的关系，寻求两者之间利益的交叉点即共享价值点。认为企业与社会的关系是一种相互依存的共生关系，这种共生关系的影响是由内及外（企业经营活动对社会环境）和由外及内（社会环境对企业）两个方面的。为了全面系统审视企业与社会环境之间的两种作用关系，Porter 和 Kramer 还提出了价值链模型和竞争环境钻石模型。国内研究者彭雪蓉等（2015）基于 Burker 和 Logsdon 提出的战略性企业社会责任的五大特征，认为战略性企业社会责任是具有目标二元性的企业社会责任，

为了实现此目标，战略性企业社会责任必须具有专用性，为了实现专用性，其企业的两大特定特征必须是向心性与应变性。他们通过整合制度和资源基础理论以及动态能力理论，构建战略性企业社会责任与企业竞争优势的理论框架，认为战略性企业社会责任通过双重合法性以及获取资源与能力来创建企业可持续竞争优势，在这一过程中，企业社会责任行为的可见性和环境动态性具有重要的影响。

表 7-1 传统企业社会责任、传统战略和战略性企业社会责任的比较

战略维度	对待企业社会责任和战略的不同视角		
	传统企业社会责任	传统战略	战略性企业社会责任
可见性	不相关：做好事就是做好事，在长期来看是有利的	提高消费者对于产品和品牌的意识	提高消费者和利益相关者对附加了社会责任价值的产品的意识
专属性	不相关：做好事就是做好事，在长期来看是有利的	管理供应商，顾客和竞争者关系，使之为企业创造价值	管理利益相关者关系，使之为企业创造价值
自愿性	积极参与社会行动，不满足于企业利益和法律的要求	企业创新基于学习能力	积极参与社会行动，不满足于法律的要求
中心性	不相关：做好事只是为了满足社会需求，与企业核心使命无关	通过产品/服务创新创造价值	产品/服务创新的价值创造与社会议题联系在一起
先动性	积极倡导社会议题的改变	先动优势	积极倡导社会议题的改变的同时，找寻市场机会

资料来源：Husted，B. w.，Allen，D. B. Strategic corporation social responsibility and value creation among large firms ［J］. Long Range Planning，2007（12）：40.

上述研究者从不同的视角对战略性企业社会责任的概念进行了不同的界定，得出了不同的结论，但基本内涵是一致的。一般都认为战略性企业社会责任是企业与社会利益的统一，是一种能够为企业和社会创造共享价值的社会责任行为，具有代表性的战略性企业社会责任（SCSR）概念见表 7-2 所示。

表 7-2　战略性企业社会责任的内涵

年份（年）	作者	理论、视角	内容
1996	Burke 和 Logsdon	利益相关者理论、企业战略	从可见性、专属性、自愿性、中心性和先动性五个维度对企业核心业务提供支持，提高企业利益
2001	Lantos（Baron）	责任性质、行为动机	通过社会责任实现利润最大化的战略行为
2006	Porte 和 Kramer	竞争理论、战略目标	通过环境战略和创新发展为社会和企业创造机会，实现社会效益和企业收益
2007	Husted 和 Allen	企业战略、CSR	将责任问题与企业创新相联系，实现价值创造
2007	杨东宁	战略管理理论	从战略视角出发，企业主动承担社会责任，影响企业价值的战略行为
2008	许正良和刘娜	可持续发展	从分析、设计、执行和控制构建 CSR 和企业战略的框架
2011	McWilliams 和 Siegel	竞争战略、CSR	为企业获得竞争优势的 CSR 行为
2013	Bruyaka 等	利益相关者理论、行为模式	CSR 与核心业务联系，实现经济和非经济收益

二、战略性企业社会责任的评价

传统企业社会责任的履行往往被动、零散和不可持续，企业面临各种社会问题时，没有哪个企业有足够的资源和能力都去解决。因此，相对于传统 CSR 行为，战略性 CSR 行为需要选择和决定“做哪些”“如何做”与自身能力相匹配的社会问题，因而具备主动性、计划性、整体性和可持续性。但现实中，如何对战略性企业社会责任进行合理有效的评价是管理者面临的一大难题。一方面，企业要在诸多利益相关者之间实现道德伦理和战略的平衡；另一方面，要对模棱两可的企业社会责任投资效应进行评价。根据现有文献研究，学者们主要从“道”和“术”两个层面来进行。“道”的层面，以 Porter 和 Kramer（2006）提出的价值链模型和竞争环境

钻石模型为代表，这两个模型以一种全新的战略思维，基于共享价值这一核心理念，突破传统企业社会责任中企业与社会对立的基本假设思维窠臼。“术”的层面以 Burker 和 Logsdon（1996）和 Bhattacharyya（2010）为代表，提出了基于 SCSR 特征的“五维评估法”和“四层过滤法”对战略性企业社会责任进行识别与检验。

（一）价值链模型与竞争环境钻石模型

价值链模型和竞争环境钻石模型的贡献在于把寻求企业与社会的共享价值机会作为战略性企业社会责任的根本基准，并且把创造共享价值而非单纯的利润作为企业战略追求的目标，把企业与社会的共生关系划分为由内到外和由外到内两个方面。其中，价值链指企业的各种经营活动，包括基本活动和支持活动两类，譬如采购、生产、销售等，它是梳理与分析企业“由内到外”关系的基本框架；竞争环境钻石模型即提炼企业所处环境、本地需求、企业要素投入条件和相关配套行业条件这四个关键要素，提供系统分析“由外到内”关系的基本框架。总之，运用这两个模型，找出企业与社会利益的“同心圆”，为企业识别既与企业能力匹配又具有共享价值的社会问题，并对它们进行分类和排序，最后筛选出最佳的价值链创新机会和竞争环境投资机会。

（二）识别与检验战略性企业社会责任的五维评估法

Burker 和 Logsdon 认为，战略性企业社会责任与非战略性企业社会责任的区别主要体现在五个方面的特征：中心性、专业性、先动性、自愿性和可见性，即只有具备了这五个特征的企业社会责任行为才是战略性的，这五个特征是识别和检验战略性企业社会责任的关键维度，因而称为“五维评估法”。其中，中心性指企业社会责任活动与企业战略以及企业目标的拟合度，即如果企业社会责任与企业战略不相关，那么企业社会责任活

动就不一定有战略利益，这样的项目不涉及企业核心业务从而具有较低的中心性，战略性企业社会责任项目要与企业使命和战略目标紧密相连，具备更高的中心性。专属性指企业捕捉社会责任项目利益的能力，不仅仅是简单地为社区或社会创造公共商品。先动性指企业按照环境发展的趋势进行事先规划的战略性行为，企业管理者在没有危机的情况下，积极计划和参与经济、科技、社会和政治发展等发面的有关社会责任方面的事务，能够在早期意识到关键要素的变化，更好地利用机会应对可能存在的威胁。自愿性指企业意识到社会责任项目创造价值的作用，从而超越法律规定的范畴，自愿进行 CSR 活动，并将其作为企业价值创造源泉的经济理性行为。可见性是指企业社会责任活动被其利益相关者观测到的程度，企业社会责任项目的可见性是企业得以获得声誉或提升品牌形象等的基础。基于这五个方面的维度，可以提炼出企业针对这五个维度的特征，做出企业社会责任项目战略选择，见表 7-3。具体程序可以分为如下四步：第一，辨识能够支持企业完成战略目标的关键利益相关者；第二，根据其关键利益相关者的诉求，确定各种具有社会价值的企业社会责任项目、政策和方案；第三，根据以上五个特征对待选的企业社会责任项目进行检验；第四，从战略利益的角度，筛选出潜在创造价值最大的企业社会责任项目。

表 7-3　SCSR 的题项

维度	题项
可见性	增加 CSR 曝光度，对其进行必要的信息披露，让利益相关者感知到
专属性	实现社会目标的同时注重企业财务目标的实现
自愿性	实施超越法律规定义务的社会责任活动，并从中创造价值
中心性	围绕企业战略开展 CSR 项目，将 CSR 与企业战略相融合
先动性	主动进行 CSR 活动，从中获得未来发展的机会

（三）甄别战略性企业社会责任的四层过滤法

Bhattacharyya（2010）在五维评估法基础上进一步研究认为战略性企业社会责任的特征包括计划性、中心性、前瞻性、长期性、保障性和嵌入性六个方面。根据这六个特征的内在逻辑，将其编排为四个层次，即意图层、核心层、保障层和运营层，提出甄别战略性企业社会责任的分析工具——四层过滤法。如图7-1所示，在意图层，甄别出具有前瞻性和计划性的企业社会责任，排除那些盲目的和随意性的企业社会责任项目；在核心层，进一步筛选出与企业的愿景和使命相一致的企业社会责任项目，排除不能为完成企业使命做出贡献和实现企业战略目标的项目；在保障层，优选企业有大量资源保障的长期规划行项目，排除短期的、应急性的和资源无保障的项目；在运营层，筛选出那些能融入企业运营活动的社会责任活动，排除掉与企业运营脱节的以及无关的社会责任活动。通过这四个层次的筛选，过滤出来的企业社会责任就是战略性企业社会责任，这四个层次也充分说明了企业社会责任与企业战略的融合。

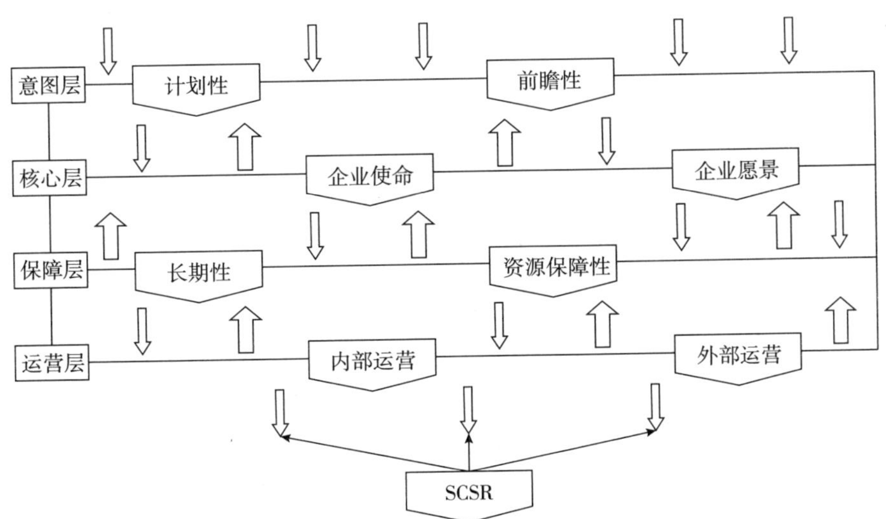

图7-1　区分SCSR与非SCSR的四层过滤法

根据上述分析可以看出，五维评估法和四层过滤法虽然都建立在对战略性企业社会责任特征分析的基础上，但两种评价方法的角度和深度是有所不同的，前者更强调战略性企业社会责任的动机和结果，后者更关注战略性企业社会责任的行为特征。由于行为特征是动机的真实体现，也是结果的有力保证，但与行为动机和预期结果相比，行为特征更容易识别和检验。因此，四层过滤法相比五维评估法更加有效和易于操作。不过，这两种方法现阶段是战略性企业社会责任评价的前沿方法，信度和甄别力还需进一步提升，还不能在实践中进行广泛推广。

第二节 企业社会责任与企业战略的整合步骤与逻辑

现阶段战略性企业社会责任最迫切需要解决的问题是如何将社会责任整合到企业战略的实践中去，如何平衡和回应利益相关者的不同诉求，同时增强企业利益与社会效益。在此，首先需要探讨企业社会责任与企业战略整合的理论逻辑。英国贸易与工业部门（UK Department of Trade and Industry，2010）提供了一个企业通过社会责任活动来构建可持续竞争力的一般性描述步骤：第一步，开始投入；第二步，评估外部环境与业务的关系；第三步，审视内部结构、战略和行动计划；第四步，实施；第五步，测量与报告结果；第六步，与利益相关者协商。这种一般性描述步骤太笼统和模糊，不具备可操作性。因此，需要进一步确定可供实施的基本步骤，即 CSR 与企业战略整合的逻辑与步骤分析如下。

（1）识别共同利益区域。企业的每一项决策活动都会直接或间接影响到它的利益相关者，如薪酬与工作环境决定了员工的生活质量和标准。识别共同利益区域要求企业以新的视角分析企业与环境的关系，明晰企业各种经营活动对其利益相关者的影响力。

（2）确定企业竞争优势。企业需要确定它的竞争优势是什么以及如何去获取，从而去选择合适的企业社会责任活动。例如，如果一个 IT 企业的竞争优势是拥有技能高超的软件工程师，那么这个企业的社会责任活动项目就有可能是去支持一个软件工程学院，帮助学院进行课程设计，并为学生提供暑期实习，给予他们进行实践活动对机会。这样，企业也可以从这个学院中招募到符合企业要求的优秀新成员。

（3）决定企业社会责任活动的项目。社会和环境问题成千上万，但任何一家企业都不可能有足够的能力和资源去解决。因此，企业面临诸多问题时一定要选择那些对企业利益有关联和能够为企业创造竞争优势的项目。如一家大米加工销售企业应该关注农民大米种植和销售方面的问题，帮助企业以合适的价格、数量和质量获得原材料。

（4）整合企业社会责任活动与企业业务。企业一旦选择了某种社会责任活动就一定要将其整合成为企业经营业务的一部分。如上述案例中大米加工企业的业务模型应该包括培训农民、提供种子、肥料和灌溉系统等，并去除中间商为企业获取更多的市场机会。

（5）制定议程。将企业社会责任活动整合成为企业愿景与使命的一部分，并支持所选择的社会责任活动使之嵌入到组织文化和所有员工的基本责任中去。

以上五个步骤中，最关键的环节在于第四步企业社会责任活动与企业业务的整合。具体来说，应该如何将企业社会责任活动整合到企业的业务中去？在此需要进一步制定企业社会责任与企业战略整合的框架。在实践中，这要求企业做好以下六个方面：第一，提高 CSR 意识；第二，评估 CSR 来理解企业文化（规范、标准、价值）；第三，识别利益相关者的利益；第四，制订 CSR 整合战略计划；第五，实施 CSR 整合计划；第六，监测和评估实施进展情况。如下图 7-2 所示，下面对这六个方面进行具体分析。

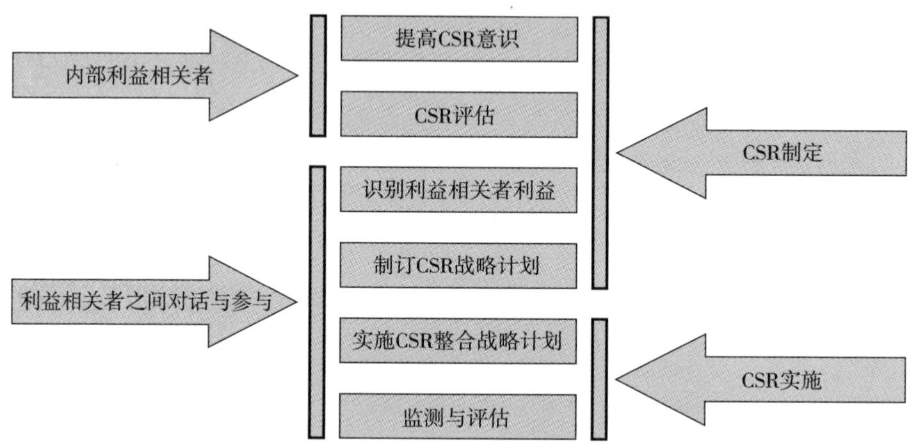

图 7-2　企业社会责任与企业战略整合的框架

一、提高 CSR 意识

理解 CSR 是实施它的先决条件，在整个组织中传达 CSR 的重要性为构建 CSR 意识以及其与战略一致性是至关重要的。为了构建 CSR 意识，企业成员需要了解外部因素对企业实践活动的影响，也需要了解践行 CSR 对企业潜在利益的影响。CSR 意识来自于企业的高管，有些研究强调了公司的 CEO 在公司伦理标准方面的导向作用，以及在工作中员工存在的价值。高管的倡议应该是前瞻性的，由公司的价值观与规范所驱动。这意味着领导要起榜样作用，尤其对利益相关者应该是道德的和负责任的，这种意识是 CSR 评估的基础。

二、CSR 评估

为了评估 CSR，企业需要组建 CSR 团队，这个团队需要界定 CSR 的评估过程。CSR 评估要识别机会与威胁中的关键问题，收集 CSR 信息重点在企业的产品与服务，以及利益相关者的行为。这些信息对于重新定义企业的规范、标准、倡议以及做法提供了宝贵意见，它还能够识别那些影响和可能影响企业的业务，以及发现利益相关者关注的 CSR 问题。CSR 评估可以全面检测公司的 CSR 活动和指导公司识别利益相关者关注的问题。

三、识别利益相关者利益

CSR 的本质是关注利益相关者，利益相关者之间的关系是企业获得可持续竞争力的主要手段之一。让利益相关者（消费者、员工、供应商、投资者和其他）参与 CSR 的设计是计划与实施利益相关者承诺的关键任务，这意味着利益相关者参与决策制定的过程。其主要目的是了解公司那些拥有股份的人或团体不断变化的目标、价值、需求和期望。利益相关者关注的问题通过相关的业务需求来表达，这些需求需要认真考虑，并且与企业的 CSR 实践相结合。

四、制订 CSR 战略计划

CSR 战略计划是公司从慈善活动到更多 CSR 活动的路线图，它对于市场和所有利益相关者关系而言应该确保它是真实存在的、可持续的。CSR 为公司提供了解决方案：①创造符合社会价值的经济价值;②管理利益相关者之间的关系；③识别和应对机会与威胁；④建立可持续发展业务；⑤决定组织 CSR 的能力。CSR 战略计划应该显示 CSR 活动的方向，也应该反映利益相关者的利益、优先权以及活动的期限。CSR 团队与高管之间的沟通在

CSR 战略计划发展中是非常重要的，CSR 团队应该向高管报告 CSR 评估和利益相关者关注与参与中的重要发现，适时报道，公司将能够对发展方向、方法、关注的领域（连接 CSR 与公司目标从而获得竞争优势）做出决定。

五、实施 CSR 整合战略计划

将 CSR 战略计划制订后，有必要将计划付诸行动。为了成功实施 CSR 战略计划，将 CSR 融入到企业战略、目标、目的和实践中，并与事先的承诺保持一致是非常重要的，因为这种承诺促进员工和其他利益相关者履行他们的职责去完成 CSR 与战略计划的整合。除此之外，决策结构也起着重要作用，它具体指明了谁负责 CSR 的决定。为了确保顺利实施，决策制定机构必须到位而且高层管理者应该负责实施。CSR 团队这时候就到了 CSR 行动计划阶段。CSR 计划应该基于 CSR 战略、承诺和决策制定结构，计划应该转变成有效的行动。采取行动需要调动内部人力资本，其次是资金和其他资源。

六、监测和评估

在实施过程中，监测和评估 CSR 绩效确保必要时能够及时更正。监控和评估 CSR 需要测量、验证、报告实施进展。设定可衡量目标和基于 CSR 投入的绩效考评方法，制定关键绩效指标，以及衡量绩效结果。这些活动能够帮助企业追踪整个 CSR 进程：①确定企业要做什么才能很好地跟上计划的节奏；②研究现有的和潜在的成功障碍；③与行业内成功的企业比较；④若有必要，修订原来的目标、制定新目标。

第三节 企业社会责任与企业运营业务的战略整合实施途径

以上阐述了企业社会责任与企业业务整合的步骤与理论逻辑，接下来具体分析企业社会责任活动如何结合企业具体的业务活动进行运营，从而创建企业竞争优势为企业带来新的发展机会。由于企业不同发展阶段社会责任发展水平不一样，从而与企业运营业务整合的实施途径也会有所不同。

关于企业社会责任发展的不同阶段，早在 Carroll（1979）提出了 CSR 的第一个阶段模型，认为一个企业的责任从经济（赢利）、法律（守法）、伦理（有道德）到自愿责任（成为一个优秀的企业公民）。另一个早期的阶段模型是 Frederick 的 CSR1/CSR2/CSR3/CSR4 概念，他描述了从哲学的 CSR1 到行动导向的 CSR2 的管理概念，后来提出 CSR3 及最后克服 CSR1-2-3 陷阱发展成 CSR4（Frederick，1998）。还有其他学者也提出了 CSR 不同阶段，例如，Halme 和 Laurila（2009）提出了从被动或防御、被外界需求驱动到战略性转变三个阶段更加复杂的模型。Schneider（2015）定义了 CSR 发展阶段的系统边界，从没有系统和计划的社会参与行为（CSR 0.0）到成为积极的政治设计者（CSR 3.0）。为了系统分析 CSR 阶段模型的变化，Spitzeck 和 Hansen（2010）基于历史、绩效、结构、认知和道德认知等不同的方法来进行测量或描述。Maon、Lindgreen 和 Swaen（2010）在九阶模型的基础上提出了七阶模型，这个模型描述了通过整合 CSR 项目与政策从“CSR 不支持”到“CSR 支持”的转化。然而有些学者批评 CSR 阶段模型的讨论，他们认为由于当前形势的复杂性可能会使一个公司从来都不会出现学者们所描述的那个阶段（Kolk and Mauser，2002），尤其是国内、国际和全球制度有很大的不同。也有学者认为，克服障碍达到一个更高阶段后其指南很难整合到模型中，或者与公司现有业务缺乏整合性（Asif，Searcy，Zutshi and Fisscher，2013）。不过，阶段模型支持研究者和实践者能够识别企业当前状况，使企业明了该阶段的特点，并提供企业社会责任行动最好的措施。有鉴于此，以下从企业业务运营的角度，分社会责任发展不同阶段来探讨企业社会责任如何对企业现有业务进行整合，即分析目前实践中企业社会责任活动与企业运营业务整合的主要途径与方法，并对不同阶段的特点进行解释。

一、项目导向的 CSR（行善）

Gareis（2005）将项目定义为：一个与常设机构不同的临时机构，被设计用来表现中型或大型范围内相对独特、中短期战略业务流程。项目管理是不同项目内容的流程管理，并用于“计划、组织、管理资源，成功完成具体项目”。许多公司起初都是将 CSR 作为一个社会或环境工程，着眼于“做善事”。但项目的内容会随着目标客户、外部利益相关者或内部利益相关者的变化而改变。

以下就是以项目为导向的 CSR 例子：①联想公益创投计划是由联想集团出资创办,为在中国境内的公益组织提供创业和发展资助的公益计划。自 2007 年启动以来，该计划以“让爱心更有力量”为宗旨，相继投入近千万元，帮助和扶持了 60 多家公益组织和项目实现公益目标，已经成为中国具有标志性的公益品牌。②“心目影院”是拜耳集团中国公司志愿者协会在北京的一个项目：每个月的第二个周六，拜耳志愿者们通过口述电影场景的方式，向有视觉障碍的人群展现他们难以看到的电影。③联合利华通过“小行

动，大不同”项目在中国让消费者参与有社会责任感的活动：通过手机、网站及社交网络，线上线下的零售点与消费者产生互动，截至2014年，有26万名会员加入，他们在内蒙古种植了1万棵树，为希望小学捐建了10个操场，赠送5万个乐玩袋到100所希望小学，同时为1.5万名农民提供可持续农业培训。④“戴尔筑梦成真”是戴尔公司全球企业社会责任项目，包括戴尔学习、儿童癌症治疗与灾难援助等领域。戴尔中国团队通过“戴尔筑梦成真”项目，结合社区、团队成员和戴尔自身产品技术优势的捐赠模式，以科技的力量帮助中国不断缩小数字教育鸿沟、支持医疗健康实施与灾害援助。

这些项目毫无疑问都很好，也很容易让公众传颂。然而，这些项目不是公司的核心活动，在面临经济危机的时候也是经常第一个被取消的。以项目为导向的CSR往往意味着回馈一部分利润给社会，那么在分配决策时通常就会考虑这些问题：①回馈社会是公司的义务吗?公司这么做纯粹是为了公司的业务？②要花费多少合适？③谁从“行善”中受益？④其他利益相关者怎样不从项目中受益?

项目导向的CSR作为第一阶段是由项目的性质决定的，项目有时间限制，它的开始与结束都有固定的目的与预算，风险与重要性也不高，这意味着在某一时点上项目完成后不影响公司的整体利益。因此，项目导向的CSR是可持续管理的第一步。总之，这个阶段定义为公司力求“行善”，以及将“行善”这个目标融入到项目与项目管理中。

二、质量导向的CSR（不要做坏事）

质量管理的定义：是一种整合方法，为了获得持续高质量的产出，在组织各个层级与各个职能部门注重保持持续的流程改进与缺陷预防，从而满足或超过客户的期望（Flynn，Schroeder and Sakakibara，1994）。质量管理最初主要是关注产品和服务的质量，后来发展到生产和服务流程的质量，整个生产体系的质量以及一个组织的整体质量。为了实施质量管理，就需要用到标准管理系统、质量指南与标准、审计或评估。全面质量管理（TQM）成为“卓越经营无所不包的哲学概念”，是一种致力于持续不断改进公司产品或服务质量的整合方法。许多质量管理的工具已经包括了 CSR 测量，如 ISO9000/9001、ISO14000/14001、ISO26000/260001 等。大多数公司运用“质量为本”的方针是为了维护自己的形象、品牌、经营许可。如在纺织行业，Nike 公司遭受了因其供应链公司工作条件恶劣形象受损的报道后，这些公司制定了行为准则来重获责任方面的信任。因此，许多公司实施质量管理制度和标准来降低运营中质量方面的威胁，其具体做法是：首选那些能够执行质量标准的供应商，或者制定相关行为准则。然而，避免“坏事”并不容易，尤其是“避免坏事”的想法是多样的、高度相关的，还带有情感成分。当有证据表明一个公司使用童工时，公司就会被批评为忽视人权，这似乎是个很容易的决定。但是一个公司究竟应该负多少责任（究竟有多少层级供应商），以及公司如何找到自己公司的道德标准与其他国家文化之间的一种平衡是非常难以决策的。

将质量导向 CSR 作为第二阶段是因为它更复杂，而且它促进了组织结构和流程的一些变革。在实施质量管理体系或遵循质量管理指南时，公司必须着眼于业务流程并进行重组。另外，不同质量管理方案需要验证和重新审核，这有助于企业更专业地开发 CSR 活动而不仅仅是启动一个项目。实施质量导向的 CSR 优点在于质量管理手段的标准化和明确性，这样组织能够识别和描述它们的状态以及报告在实施 CSR 中取得的成就。当然，该阶段的缺点也是多方面的，例如，要向大众公布管理体系价值的问题。另外，质量管理体系备忘录也通常被看作是一种非常让人恼火的义务，而由此产生的创新结果相当低。不过，质量导向的 CSR 确保了一个系统的方法。但是企业可持续发展还需要扩展到其他阶段，因为管理责任比管理质量更复杂。

三、战略性 CSR（重新考虑业务）

Porter（1996）认为战略是企业区别于竞争对手的一种方式以及如何对企业进行独特定位，要么基于客户需求或客户可得性，要么基于公司的产品或服务。有学者认为战略不是一个定义而是五个，它是一个计划、一种模式、一个定位、一种观点和一种策略（Mintzberg，Ahlstrand and Lampel，2005）。一般认为，战略是长期的，为公司设定方向和定位的，现代企业运用业务层战略与公司层战略进行定位并与其竞争对手区别开来。业务层战略描述了公司如何竞争和定位，公司层战略界定了公司要参与竞争的业务，以一种最好的方式集中资源将公司独特能力转换成竞争优势。另外，战略管理不是单向的，包括分析、制定、实施和控制等连续步骤，影响公司的项目和质量管理流程。

战略性 CSR 的目标是在战略决策中（有关社会与环境等方面的事务）开拓公司创新潜力，CSR 要整合到四个核心业务决策中：公司生产什么，在哪里、怎样和为谁生产。这样，CSR 的整体渗透能够使公司产生新的业务模式，引导公司产生解决社会问题的创新能力，企业成功与战略性 CSR 之间是相互促进的关系。Husted 和 Salazar（2006）比较了不同的 CSR 方法（战略性的、利他主义的、利己主义的），认为战略性 CSR 基于成本、收益和社会产出的计算而优于其他方法。

战略性 CSR 案例有很多：①在中国，福特汽车不仅把企业社会责任的理念融入到整个价值链体系，还积极在所在社区推动和参与环境保护、道路交通安全、社区服务方面的公益活动。自 2000 年启动“福特汽车环保奖”以来不断与时俱进，目前已形成了企业、环境和社区可持续发展的战略性企业社会责任项目平台。②软件公司 Specialisterne 7 和 Aspiritech 8 为患有阿斯伯格综合征（孤独症的一种）患者安排测试软件的工作，这些人能够比 IT 专家快 5 倍找到错误。公司认为他们不应该被视为残疾者而被社会边缘化，相反，公司为这些孤独症员工设立与他们的优势与需求相匹配的高度专业化、高质量和高工资的工作。③一家生产普通药品的制药公司 Betapharm，通过建立一系列设施网络长期为患病儿童及家庭提供各种各样的预防措施、护理以及术后康复支持，而不是投资开发新药或是调查医生的处方行为。这样，这家公司由于长期支持患病儿童而获得了广博的生活知识，为企业的发展寻求到更多的发展机会。

这些例子表明"重新思考你的业务"是战略性 CSR 的座右铭，战略性 CSR 释放了公司投资于社会各方面的共享价值、加强了公司的竞争力（Porter and Kramer，2011），同时获得包含社会与经济内容的通用战略、新产品与市场（Bhattacharyya，2010）。这被认定为是社会巨大的进步，战略决策的潜在影响同时也是战略 CSR 的最大约束：一个公司的成功历史、现有的结构与流程、思维的狭隘模式都是创新和变革的最大障碍，这些问题是由公司和利益相关者发生变化的巨大影响引起的。因此，测量战略性 CSR 的效果和影响是困难的，因为在那一刻社会和环境问题完全融入一个公司的核心决策。这样 CSR 不再容易被识别，但作为一个为公司和社会创造共享价值的新的 CSR 整体可以看出来。

战略性 CSR 是联结 CSR 与企业竞争力的第三阶段，它有助于发展总体战略，改善利益相关者关系并创造共享价值。实施战略性 CSR 所涉及到的变化是深远的，因为这意味着将 CSR 整合到企业的业务层和公司层战略中去。这些变化不是短期或中期的，而是长期的，而且影响到公司整体，必须要有相应的流程，员工要知晓公司战略，以及需要一定的 CSR 承诺。将 CSR 整合到战略中去也存在一定的风险，比如会丢失取得的市场地位或使商业伙伴失望。公司在 CSR 方法中克服这些困境是很有必要的，但这种能力在公司里很难找到。

四、转化的 CSR（保持灵活性）

“CSR 涉及到一段时间的学习以及具备了解利益相关者期望的具体内容和影响的能力”（Maon，Lindgreen and Swaen，2009），因此，组织学习与转化以及利益相关者的整合是与 CSR 问题紧密联系在一起的。组织学习强调战略、结构、企业文化以及整体系统，但在一个不断变化的世界，企业面临着不断变化的需求，因而必须以灵活的方式做出反应。通过适应形势和需求整合（社会的、经济的和环境的）进入学习过程，这是一个连续的循环过程，这基于可持续竞争力和企业的应变能力。组织学习与转化包含了沟通机制及参与机制，因此利益相关者之间的对话、参与和管理 CSR 更多的讨论话题是至关重要的，利益相关者的参与有助于组织可持续发展以及利益相关者的嵌入。由于利益相关者参与是一个重要的问题，学者们对此也非常重视，他们力图找到组织内外部利益相关者之间相互支持与沟通的方法。Johansen 和 Nielsen（2011）构建了一个理论框架，主要集中在责任和合法性问题上探讨利益相关者之间的理解。有的学者强调了非政府组织对于企业在 CSR 成功中的作用，确定了这个方面的三大战略，并且认为政府与非政府组织之间的对话可以是正式组织也可以是联盟，最终能够在组织中学习。总之，组织学习与转化要求组织内部以及外部利益相关者积极参与沟通，并将行为整合到转化的 CSR 中去。

现实中，转化的 CSR 的案例比较少，往往只强调复杂互动过程中变化、学习与转化的某一方面，例如，Arla 公司通过一个门户网站加强公司与丹麦消费者之间的关系，基于利益相关者参与这个理念因而门户网站经常会问消费者一些问题并对公司进行反馈，公司通过反馈与消费者对话，使消费者能够参与公司活动（Johansen and Nielsen，2011）。Sabaf 是世界领先家用燃气灶元件制造商，为了创造性的企业社会责任活动，公司运行了嵌入社会、环境和治理等问题的学习与变革的转换程序（Roome and Louche，2011）。不过，可口可乐公司在这方面是个比较成功的典范。可口可乐（中国）一直坚持“人、社区、环境”（Me，We，World）三大框架发展，认为环境与个人、与企业之间都在相互影响，即企业作为社会的一员，运营方式必须寻求社会利益与商业发展的双赢，实现社会共享价值的创造。因此，多年来公司致力于倡导积极的健康生活方式，服务社区以及环境保护。自 2012 年开始，可口可乐与壹基金发起“净水计划”，利用可口可乐中国系统遍布全国的网络及资源，为缺乏安全饮用水的学校安装净水设备。截至 2014 年底，已经在 283 所学校安装了 302 台净水设备，让超过 11 万孩子喝上了放心洁净的水。另外，可口可乐携手中国妇女发展基金会推进“可口可乐 520 计划”，全国累计超过 3 万名妇女参与了课堂或网络技能培训，其中 120 名妇女申请获得了小额贷款。截至 2014 年底，可口可乐水回馈量达 171 亿升，可供 210 万人饮用一年。同时，可口可乐通过技术创新研发商业可行的植物环保瓶技术，塑料瓶中可以有 30%的原料来自于植物。

转化的 CSR 作为第四阶段能够克服前几个阶段的一些制约因素，基于经验和累积知识进行学习和转化的组织，将 CSR 整合并转化，可以迅速适应新的挑战获得竞争优势。此外，这种组织有助于社会变革，并作为可持续经营的主要驱动力量，这些也可视为竞争优势。由于这可能导致经济与政治条件的转换（如通过建立新的环境或社会标准，或者通过促进社会价值观的变化，崇尚“知足”而不是“贪婪”），所以对转化的 CSR 的竞争优势的评价是不容易的。一方面，“游戏规则”的变化可能导致很突出的情形；另一方面，这些变化的可预测性相当低。因此，转化的 CSR 不会着眼于通过实施企业社会责任取得具体的竞争优势，而是在于培养形成竞争优势的能力：一个组织对于社会、生态和经济要求灵活反应的能力，并继续以灵活的方式不断进步与发展的能力。

研究结论、对策建议与展望

在企业社会责任运动席卷全球以及国内企业社会责任问题日益紧迫的背景下，本书根据企业社会责任理论、利益相关者理论、企业竞争优势理论等领域的最新成果，对企业社会责任向企业竞争优势转换的机理与效应进行了探讨，重点对企业社会责任与企业竞争优势关系的“黑箱”进行了深层次多维分析。围绕这一核心研究，本书依次回答了密切相关的四个关键问题：

（1）企业社会责任向企业竞争优势转化的机理是什么？

（2）在转化过程中影响企业社会责任向企业竞争优势成功转化的因素有哪些？

（3）企业社会责任向企业竞争优势转化的效应究竟如何？

（4）企业社会责任与企业战略整合的理论逻辑与实施路径是什么？

通过理论分析与实证研究，本书深入分析了企业社会责任向企业竞争优势转化的路径，并以中国企业为研究情境，对中国企业社会责任向竞争优势转化的效应进行了实证研究。本章对前文研究的结论进行提炼和总结并提出相关的管理建议，在此基础上阐述研究的贡献和不足之处，以及未来进一步研究的展望。

第一节 研究结论

一、企业社会责任研究重点应放在如何进行的问题层面

企业社会责任研究长期以来一直存在两大争议：一是“是否”之争，即企业是否应当承担社会责任的争议；二是“如何”之争，即企业应该怎样承担社会责任的争议。关于企业是否应当承担社会责任的争议在国外发生了几次著名的论战，持续了半个多世纪，现在基本尘埃落定。随着社会与经济的发展，原来反对企业承担社会责任的理由变得不合时宜和不合逻辑，甚至成了对企业社会责任概念的误解，因此，企业应当承担社会责任的观点已被广泛接受。当前中国企业承担社会责任更多是迫于严峻的社会现实，而不是对企业社会责任理念和合法性的深度认同。因此，对企业社会责任规范性依据进行深入研究还是有必要的，但对企业社会责任的理论和实践研究应积极顺应国际变化趋势，尽快把研究重点从“是否”层面转向“如何”层面。理论上为企业社会责任奠定更加坚实的规范性基础，实践上为企业家转变社会责任态度提供思路，为立法奠定法理基础。关于“如何”承担社会责任的问题，可以说利益相关者理论提供了一个突破性的研究方向。利益相关者理论在利益相关者的确认、分类、利益要求以及实现方式等方面取得重要突破，有力推动了企业社会责任研究的发展。其贡献主要体现在：将企业社会责任活动的责任对象由抽象的社会变为具体

的利益相关者；将企业社会责任的内容由模糊的责任属性变成了清晰的利益要求；从对象选择、内容取舍和利益要求实现程度三方面确定了企业社会责任的边界，避免了以前研究中企业社会责任范围模糊的不足。为衡量企业社会责任活动奠定了坚实的理论基础，在企业社会责任和企业战略之间搭建了桥梁，为“如何”问题找到了新的道路，为企业社会责任研究提供了除 Carroll 的四责任框架之外替代性分析框架，为研究企业社会责任开辟了新的理论空间。

本书基于利益相关者理论，进一步探究了企业社会责任与企业竞争优势之间“是什么”（企业社会责任与企业竞争优势之间的耦合机理）、“怎么样”（企业社会责任向企业竞争优势转化的效应）以及“如何”（企业社会责任与企业战略整合）的问题。

二、企业社会责任对企业竞争优势有显著的正效应

根据本书第六章实证研究结果表明：企业社会责任向企业竞争优势转化时，在资源与能力层面（尤其是企业内外部社会资本以及企业价值）产生了显著的正影响，但在绩效层面（经济绩效和社会绩效）产生了不显著负影响。我国学者张敬伟等（2010）认为：企业竞争优势存在一个从资源能力优势→价值优势→绩效优势的逻辑链，而且从企业资源能力到绩效结果之间也可能存在因果关系。从实证研究结果看，我国的企业社会责任水平由于整体偏低，再加上企业社会责任向竞争优势转化的相关条件还不够完善，比如说责任市场的完备程度、公平竞争环境的完善程度、企业社会责任监督反馈信息系统的披露程度等都不太高，从而影响了企业社会责任向竞争优势转化的整体效应。无论是实证研究结果，还是客观实际情况，目前我国企业的企业社会责任向竞争优势的转化效应主要表现在竞争优势基本层面的资源能力方面，而对企业竞争优势最终绩效层面的影响却不

大，甚至呈现出不显著负影响。这对于那些“唯利是图”的企业来说，由于没看到企业社会责任活动为企业带来最终的绩效，尤其是经济绩效，这样会更加挫伤了他们承担社会责任的积极性。在这种现实的客观情况下，要求我国企业积极履行社会责任是非常不利的，也是比较危险的。应该清醒地认识到，目前我国的现实情况是：第一，企业社会责任理念还没有被我国企业和企业家真正接受，他们不会完全出于道德承诺、伦理规范或利他主义而承担社会责任。如果说企业社会责任的规范性观点——主观上自觉承担社会责任能够在客观上得到“意外”回报的观点是正确的，那么目前我国企业还无法得到这种显著的绩效回报（当然，企业家们更重视的是经济绩效回报）。第二，由于当前企业社会责任行为对于企业绩效的影响不显著，企业家和企业就有可能并不相信承担社会责任会促进企业绩效，从而也有可能不会考虑通过承担社会责任来创建企业竞争优势。哪怕相信承担社会责任可以为企业带来竞争优势，但目前还没有找到具体的有效路径和方法，如通过承担社会责任来减少风险、促进创新、提高声誉、扩大市场、增加机遇等。由此可以推论：想要提升企业社会责任行为表现，如果寄希望于企业的自觉性行为（规范性观点）显然很不现实；如果寄希望于企业的自利性行为（工具性观点）还需要积极的引导措施；如果寄希望于外部力量，把企业社会责任作为企业不能摆脱的一种约束条件，或许是目前比较有效的方法，但这种方法的应用范围很有限。因此，我们必须清醒地认识到：社会、政府和企业的当务之急是齐心协力努力寻找到有效的途径，尽量使企业社会责任活动能够向企业竞争优势的绩效层面转化，这才是保证企业社会责任行为的长效机制。

但是不管怎么样，企业社会责任对企业竞争优势的提升有着重要的影响，这是毋庸置疑的。在当前形势下如果一味回避责任或者拒绝履行责任不但不会提升竞争优势，反而很可能会造成与利益相关者关系紧张，从而

对企业产生负面影响，甚至有可能导致与利益相关者之间的关系恶化，将企业暴露于公众舆论的谴责，受到来自政府机构、商业伙伴等的惩罚，消费者的抵制等出现重大危机。因此，企业应该履行其必须的社会责任，尤其应该重视对其主要利益相关者履行社会责任，改善关系双方，从而提升竞争优势。

三、企业社会责任的不同行为对企业竞争优势的转化效应不同

基于本书第五章全部样本实证研究表明：不同企业社会责任行为对企业竞争优势的转化效应有很大的区别。从实证的结果看，目前所显示的有两个效应是值得注意的：一是对于强制性 CSR 行为的企业（旁观者），其负面经济绩效已经明显表现出来，这说明我国企业社会责任市场基本建立起来，相关的市场竞争制度以及企业社会责任信息监督反馈系统，对于我国企业社会责任行为起到了一定的规范约束作用。二是在四种不同类型的企业社会责任行为中，战略性 CSR 对竞争优势的转化效应最显著。麦影（2010）认为，企业社会责任活动并不是必然创造企业竞争优势，只有当企业履行社会责任能改善利益相关者关系时，才能对企业竞争优势产生作用，因此她认为企业与其利益相关者的关系在社会责任转化为企业竞争优势的过程中起到中介作用。同理，笔者认同，并非企业所有的社会责任行为必然会为企业带来竞争优势的提高。正如战略学家 Porter 的观点：企业在进行社会责任行为时，不应该将企业的经营活动与企业社会责任活动对立起来，而是去寻找经营决策与社会政策的交融点，并以此来选择与其特定业务相关的社会责任活动，最终将社会责任整合到企业的核心战略框架中。只有这样，将企业社会责任活动嵌入到企业的特定业务，在逐步“学习”的过程中实现相互融合之后有效推动企业的创新实践，最终增强企业

的竞争力。

实际上，目前我国有很多企业试图通过承担社会责任行为来改善企业与社会、环境以及利益相关者的关系，但往往难以得到预期效果。其主要原因在于：首先，很多企业将履行社会责任的行为与企业自身利益对立起来，认为承担的社会责任越多，付出的成本越多，企业收益就会越少，不能意识到承担社会责任也可以与企业利益密切关联而且还能互相促进；其次，通常企业社会责任活动并未纳入企业战略领域，往往只停留在被动的、从众的层次。如在一些慈善捐赠活动中，虽然企业采取了捐赠善举，但有时反而可能会得到负面的效果。我国学者李四海（2012）、高勇强（2012）等实证研究表明我国民营亏损企业慷慨捐赠的背后隐藏着基于政府利益（补助）的交换，哪怕这种捐赠行为是理性的，但企业获取的利益也是短期的，甚至对企业竞争优势的影响是负面的。有些亏损企业一方面忽视企业内部员工的相关利益，另一方面对外却慷慨捐赠，很有可能会引发员工的“不满”情绪，从而降低员工对企业的忠诚度以及企业的竞争优势。从理论发展的角度来看，单一强调利他性 CSR 行为已经不是企业的最终目的，基于慈善的企业社会责任行为已逐渐与企业战略相结合，形成一种全新的战略性慈善，为了维持自身的生存与发展，保持竞争优势，通过参与慈善活动改善公司业绩。

如果企业将社会责任纳入战略层面考虑，采取最适合自身的企业社会责任战略，选择最合适的实现方式，则能使企业受益。因此，企业承担社会责任应该具有一定的前瞻性与预见性，自发自愿的承担起对利益相关者的责任，平时注重建立与维护与利益相关者的关系，而不是等到出现了危机事件才来寻求解决。例如，在 2008 年汶川地震捐款中万科集团因其捐赠不当而遭遇公众谴责，且事后未能及时采取有效措施改善公众关系，从而深陷“捐款门”事件，饱受社会各界的谴责与非议，声誉大受损害。

第二节

对策建议

通过以上研究结论的分析我们可知，企业承担社会责任不是可有可无的问题，它关系到企业在市场竞争中的长期竞争地位。因此，我国企业应该适应时代潮流，把企业社会责任问题放到提升企业竞争优势的战略高度，积极培育和开发企业社会责任战略资源与能力，促进我国企业创建并保持新的竞争优势。为了企业社会责任活动在我国长期有效开展，促进企业与社会“共赢”，本节从企业社会责任履行原则和对策建议两个方面进行探讨。

一、企业社会责任活动履行原则

企业社会责任履行原则是指企业在承担社会责任活动时应该掌握哪些行动指南或是遵循哪些方针政策才能更好地践行社会责任行为，一般来说，企业履行社会责任应该遵循以下几条基本原则。

第一，平等履行和适度履行相结合的原则。企业社会责任活动具有层次性，这是一个客观事实。这对于我国企业来说这种层次性显得非常重要，根据 Lantos 的观点可将责任划分为必须履行的强制性和自主选择的自愿性责任两个层次，对于强制性社会责任采用平等对待原则，对于自愿性责任采取适度履行的原则。平等原则就是企业无论规模大小、经济实力强弱、所有制性质如何都必须履行，包括经济的、法律的和道德方面的基本

社会责任，不能以任何借口进行逃避。比如，制造安全合格的产品、尊重员工的基本权利、防止对环境和资源的破坏等所有企业都必须履行。作为责任对象，在责任面前人人平等，不因对象不同而采取不同的态度。企业应该以理性态度，对于公共危机或特大灾害事件，企业应该在力所能及的范围内，尽可能多地有所作为，扮演好自己的社会角色；面对社会公众利益的慈善责任，企业可以适度履行，不可勉强和脱离现实。因此，企业要科学界定企业社会责任的边界，根据自身能力和所处发展阶段分层次履行社会责任。对企业社会责任活动进行区分并采取平等履行和适度履行的原则，既是践行社会责任的应有之义，也是实现社会公平正义之所需。

第二，全面履行原则。这个原则是要求企业必须全面履行基本的社会责任，因为基本社会责任是企业能够得以合法性存在的依据，是社会对企业的最低要求，这也是社会可持续发展的最基本条件。全面履行就是与企业生产经营活动相关的人、社会和自然都应该纳入企业责任的范围，既不能只关注某些方面的社会责任而忽略其他，也不能以履行某种责任来代替其他，不能只重形式而忽略实质。具体来说，与企业有关的员工、消费者、社区、供应商、债权人、自然和社会各方面，他们的利益都应该得关注和维护。企业不能只履行对人和社会的责任，而忽略对自然环境的责任。总之，全面履行是保证企业很好实现基本社会责任的一项根本性原则。

第三，工具性和目的性统一原则。按照韦伯的理解，现代化的进展分为工具合理化和价值合理化两个层面。工具合理化体现效率和功利原则，它的实现需要价值合理化的支持。前者为后者提供现实依据，后者为前者辩护和开道，两者之间互为目的互为手段的关系深刻制约着现代化的进程，人类社会就在这二者平衡的基础上进步和发展。对于企业来说，企业社会责任活动既是工具又是目的，企业必须处理好二者的关系。作为工

具，企业履行社会责任，有助于协调企业与社会的关系从而营造良好的经营环境，实现企业不断营利并可持续经营；作为目的，企业履行社会责任是企业实现社会价值的体现，也是企业继续生存和发展的必要条件。因此，企业的发展壮大过程就是企业实现营利目标和服务社会的过程，既不能简单地将社会责任活动作为赚钱的工具，也不能为了“赶时髦”超越自身能力和发展阶段过度进行社会责任活动，这样不利于企业社会责任经济效应的发挥，最终危害企业和社会的利益。

二、推动我国企业社会责任活动的对策建议

企业社会责任问题不仅仅是企业的问题，更是整个社会的问题。根据前文研究的内容，如何更好地推动我国企业社会责任活动向前发展，主要从政府和企业两个重要的主体出发提出相应的政策和策略建议。

（一）对政府的政策建议

政府是我国社会力最中影响最强的社会机构，可以说政府的行为对企业社会责任的表现具有决定性影响。有鉴于此，为了更好地促进我国社会责任活动健康稳定的发展，政府应该从以下几个方面进行落实和加强。

1. 建立良好的企业社会责任宣传机制和加强对企业家的社会责任教育

加强企业社会责任的宣传使社会普遍了解和接受这一理念对企业社会责任活动的开展有着重要的意义。作为政府，对企业进行工作指导时应该体现社会责任理念的要求，建立相关的配套制度以及举办企业家社会责任培训活动，从政府的立场上向社会各界传导企业社会责任的理念。作为企业，要清醒地认识到承担社会责任是社会发展的必然要求，要转变经营理念和策略全面理解社会责任的内容和实质，结合自身所处的阶段合理界定应该承担的责任来践行这一理念。作为社会大众，他们一般是企业社会责任的积极支持者，他们对这一理念的了解意味着企业社会责任意识的普遍

觉醒。作为理论工作者，在借鉴国外理论研究的基础上及时了解我国企业社会责任活动的动向以及面临的具体问题，使企业社会责任理论研究更符合我国发展现状，研究结论更具有说服力和实践指导意义。通过广泛宣传企业社会责任理念的基础上，要进一步宣传企业社会责任的内在精神，让社会大众深入了解企业社会责任除了基本道德要求外还体现人类崇高的精神道德追求，使社会能够正确评价我国企业现阶段履行社会责任的行为。

在加强企业社会责任宣传活动中一定要注重对企业家的社会责任教育，因为企业家是企业决策行为的直接控制者，对企业家进行企业社会责任舆论宣传将会对企业行为有显著的先导性和深层次的影响，并且有必要在企业行为发生之前对与企业家进行关于对待社会责任的态度和动机等方面提前介入进行教育。毋庸置疑的是，与西方国家的企业家相比，我国企业家对企业社会责任的认识还有很大的差距，造成这种差距的原因在很大程度上源于对企业家社会责任教育的差距。目前对企业家社会责任教育的目的至少有两点：第一，要让企业家认识到企业的发展取决于企业所处的综合社会契约，这意味着企业直面现实即承担社会责任是不可回避的，争论“是否”应当问题已经没有任何意义；第二，社会倡导企业承担社会责任并非要“企业办社会”，而是希望企业找到关注其他利益相关者的同时提高自身可持续竞争优势的发展路径，真正实现企业与社会的共赢。企业家只有认识到这些问题才有可能带领企业积极地与政府和社会互动，主动响应社会期望来承担社会责任。除了加强对企业家的教育，还要加强对公众的社会责任教育。除了宣传一般性企业社会责任理念，政府还要针对不同的社会主体进行不同内容的舆论宣传，如对企业宣传承担社会责任提升企业绩效的典范，对消费者加强绿色消费模式的引导，对投资者灌输社会责任投资理念等。

2. 加快企业履行社会责任的法律制度建设

我国目前企业社会责任制度机制和体制不完善，市场竞争不公平现象严重，这进一步削弱了企业承担社会责任的动机。只有创造公平的责任市场，建立健全相关的法律法规并严格执法，才能引导企业以合作的态度切实履行社会责任，充分发挥在承担社会责任问题上的主动性和创造性。为此，完善相关法律法规，促使企业履行强制性社会责任，引导鼓励企业履行自愿性社会责任，这是政府工作的当务之急。市场经济是在法律制度框架下的自由经济，完备的法律制度告诉企业应该做些什么和不能做什么，同时告诉企业如果不遵守法律制度会受到惩罚，形成一种威慑性力量，有助于帮助企业养成良好的经营行为。一般来说，完备的法律制度包括三个层面的内容：基础法、综合性领域法以及各项具体法规，通过不同层面的立法，构建企业社会责任制度体系，营造企业积极主动履责的良好氛围。针对我国企业社会责任水平普遍偏低的实情，政府可以从以下几个方面来完善相关的法律法规。

首先，提升强制性企业社会责任行为的整体水平。这要求：第一，构建以《中华人民共和国公司法》为主体的企业社会责任规则体系。虽然公司法原则上规定企业应该承担社会责任，但对其内涵与外延没有进行条款的清晰表达。因此在公司法中应明确提出企业在追求自身和股东利益的同时，还应注重对利益相关者、自然资源与环境的保护，并将责任制度性落实到企业高管人员，特别是公司董事、监事身上。在公司法中应在公司董事义务中引入社会责任的内容，明确要求在管理层内部设立社会责任委员会，督促企业在经营决策中社会责任问题的考虑。第二，对其他法律领域中涉及到企业社会责任问题的条款进行补充和完善。例如，民事法典中的民事主体部分，应对法人、非法人组织等民事主体的社会责任作出倡导性规定。在证券法、个人独资企业法、合伙企业法、商业银行法、保险法、食品安全法、产品质量法、环境保护法、消费者权益保护法、劳动合同法等法律领域，通过明确的法律规范设定企业具体的权利义务，对企业最具重要价值的最低行为做出规定和要求，将抽象的企业社会责任问题具体化。第三，构建以司法救济为中心的保障机制。例如，人民检察院要积极支持环境保护、消费者保护等领域的公益诉讼，探索企业社会责任问题进入诉讼程序的模式和途径。人民法院应该制定法官适用的明确的企业社会责任条款具体标准，实现其可诉性。在司法裁判过程中，应遵守：一是不能因简单追求社会利益而损害股东的合理利益，应当在平衡利益相关者之间利益的同时尽可能维持企业的生存和发展；二是尽量尊重企业自治，对于企业社会责任承诺以及行业协会对企业的制裁，只要不违反法律的规定，司法机关应当认可。

其次，政府提供优惠政策引导和鼓励企业履行自愿性社会责任。自愿性企业社会责任主要是慈善层次的责任，这通常在短期内会引发企业成本费用上升和增加管理难度，很多企业参与积极性不高。因而政府需要大力提倡并提供优惠政策来进行引导与鼓励。如制定优惠用地和税收减免，引导企业支持当地经济发展。

总之，通过基础性立法确定企业社会责任理念的法律地位，通过综合性法规定企业社会责任的一般要求，针对突出问题领域制定具体法规制度，在具体立法中，根据责、权、利相统一的原则，建立相关的奖惩措施，引导企业自觉遵守法律。依靠法律法规等强制性措施强制企业承担法律责任是必要的，不过单纯运用法律强制力效果不明显。因为除了法律不完善、执法不到位外，法律制度本身也存在局限性，法律强调惩戒功能，而奖励和引导功能较弱。当前比较可行的方法是在强制性“硬法律”的同时使用“软法律”通过经济手段奖励和引导企业承担社会责任的行为。通过市场准入、政府采购、项目招标、税费减免、专项资助、信贷支持和政

府表彰等措施，激励企业承担社会责任并增强其竞争优势。

3. 建立并完善企业社会责任信息披露制度

企业社会责任信息披露是企业向内外部利益相关者提供在经济、社会和环境等方面的行为及态度全貌的公共报告。现有文献大多对企业社会责任信息披露的动因进行研究，大量研究也表明建立和完善信息披露制度是促使企业社会责任得到切实履行的有效保障，因为积极承担责任的企业通过披露可以获得良好声誉提高企业竞争优势形成良性循环；不负责任的企业则遭到公众的谴责与用户的抵制，逼迫其担负起应该履行的责任。目前，西方国家企业已普遍报告社会责任信息，我国当前的国资委、证监会和银监会对企业社会责任信息披露提出了强制性要求和定位，譬如《关于中央企业履行社会责任的指导意见》(2008)、《关于做好上市公司2008年年度报告工作的通知》(上交所，2008)、《上市公司社会责任信息披露指引》(深交所，2006) 等，但主动进行社会责任信息全面披露的企业相对西方国家，数量和程度非常有限，且多数企业披露的信息仅列举具体的数据或事例，披露的连续性差，没有统一口径，使得企业所披露的信息难以识别与比较，从而难以起到对企业监督的作用，即企业社会责任信息披露“数量增长和质量提升不匹配，披露质量差异较大、信息决策价值较低、缺乏披露奖惩机制和监管机制等一系列问题”(杨汉明等，2015)。因此，首先，政府应加强社会责任信息披露的规范、监督和法制化。我国正处于鼓励自愿性企业社会责任信息披露和强制性社会责任信息披露制度探索的阶段，在目前社会责任信息披露不理想的情况下，政府是企业行为规定的强大制度角色。从统计分析上可以看出，我国2009年后社会责任信息披露水平逐渐上升，这与我国2008年开始不断加强法律规范和政策监督是一致的。2008年连续几条规定指出企业是否履行社会责任、是否披露社会责任和信息披露质量的高低成为全面考核企业绩效的新内容。那些具备敏锐政

治观察力的管理者就会通过高质量的社会责任报告与上级政府的意志保持高度的一致，从而维护制度合法性收益。杨汉明等（2015）进一步从“制度同形”概念出发，研究发现：我国企业社会责任信息披露存在着模仿行为；强制压力、规范压力和模仿压力是影响社会责任信息披露意愿和质量的制度根源。制度压力影响我国企业社会责任信息披露的路径为制度环境→制度压力→企业执行行为→企业特征→企业社会责任信息披露意愿和质量。可见，来自政府的法律法规是推动我国企业社会责任信息披露的关键因素。其次，媒体充分发挥舆论监督作用。媒体报道可以影响公众认知和获取公众共鸣，从而对企业造成强大的外部压力。随着信息传递路径日益丰富，媒体在企业社会责任方面一定程度上充当了放大镜和加速器的作用。若媒体能够对企业形成良性的舆论压力，则能驱使企业更好地披露社会责任，从而改善公众对企业的认知，维持企业正面的社会形象。最后，对企业社会责任信息披露进行分级管理规范。在当前的经济环境和社会环境下，政府要采取灵活务实的规范办法才能有效提高企业社会责任信息披露水平。对经营困难的企业给予适当的政策扶持使其尽快满足较低的披露要求，对盈利能力强的企业则要求相对更规范全面的信息披露，通过层次规范管理实现整体信息披露水平的提高。

4. 实施对企业的分类引导

根据企业的不同规模和行业特点，制定不同的引导措施。大型企业与中小企业的社会责任行为表现具有显著性差异。目前企业社会责任理论大多以大型企业为基础，中小企业的社会责任问题与大型企业相比差异很大。一般来说，对于大型企业，除了要求履行强制性社会责任外，还鼓励和引导其参与自愿性社会责任项目，在区域发展国家发展战略层面承担部分社会责任。对于中小企业，政府鼓励其结合自身业务特点来承担社会责任，尽量减少额外成本。针对不同行业的企业，在综合评估基础上确定敏

感行业，制定相应的产业政策。对社会责任表现好且能成为新的经济增长点的行业，纳入产业政策扶持行列。对于敏感企业，实施重点监控。

（二）对企业的策略建议

企业是社会责任承担和履行的主体，如何更好地推动企业社会责任活动在我国开展，从企业层面可以提出如下建议。

1. 培养企业公民意识

改革开放后我国企业一改过去全面承担社会责任的做法，一味强调经济利益的追求而忽视对社会责任的承担和社会对企业的期望。因此应积极培养企业公民意识，协调企业与社会的发展。首先，要培育企业经营者责任意识。从某种意义上说，企业经营理念就是经营者理念的外在延伸。企业经营者是社会责任第一责任人，强化经营者责任意识和社会责任理念的建设，是推进企业公民理念最有力的保障。引导经营者战略性进行企业社会责任活动，将社会责任问题转化为竞争性战略问题。其次，建立优秀的企业公民文化。将企业建成人人都具有社会责任感和使命感的命运共同体，通过企业公民文化使员工与企业价值观达成共识，使全员参与到社会责任的行动中，最大限度提高企业社会责任的决策和执行能力。最后，完善企业治理结构。企业社会责任行为要落到实处，关键要从公司治理的角度来设计相关制度。即在企业经营决策时综合考虑利益相关者的利益，强化企业社会责任的承担与实现机制。总之，经营管理者要提高企业社会责任意识，培养企业社会责任能够创造价值的管理理念，将企业社会责任行为提到企业战略高度，主动将社会责任理念融入企业发展的战略和管理决策中，转变经营理念和经营方式，并可以通过设置企业社会责任委员会、制定企业社会责任战略、培育企业社会责任文化等途径，促进企业社会责任活动，并获取企业社会责任的经济和社会效应。

2. 提高企业履行社会责任的能力

企业社会责任的履行不仅取决于企业的公民意识，更受限于企业承担社会责任的能力。目前我国大多数企业经济实力比较弱，市场竞争力不强，在一定程度上导致很多企业考虑生存问题后才关注社会责任。因此，应该根据经济发展水平和企业发展不同阶段承担相应的社会责任。

（1）变被动适应为积极进取。在很多情况下企业如果可以选择不承担社会责任，通常会选择放弃。但当企业面临不可回避的约束时，与其被动适应不如主动进取，积极寻求企业社会责任与企业绩效的交融点，找到能够将企业社会责任转化成企业竞争优势的具体路径。

（2）企业根据自身特点制定合适的社会责任战略。企业应根据自身的规模、所处的成长阶段、产业类型等制定社会责任战略。例如，随着企业成长阶段的变化及时调整企业社会责任的重点，尤其是进入成长阶段后，应该逐渐增强对公共责任的关注；进入衰退与转型期之前，应尽量借助良好的企业社会责任行为表现，结合国家产业政策实现战略转型。另外，对于中小企业，应结合自身业务特点，以外部商业伙伴责任和内部人员责任为重点承担社会责任；大企业在承担一般社会责任的同时，要考虑积极承担国家层面的社会责任，这也会得到国家的鼓励和支持产生战略性回报，有助于协调好企业利益和社会利益。因此，企业要根据不同发展阶段、不同规模特征以及行业特征等方面进行权衡与选择，结合自身特点制定合适的企业社会责任策略。

（3）对企业社会责任实行分层管理。在企业资源有限不可能完全满足所有利益相关者利益要求的情况下，企业需要进行选择和优化，尽可能兼顾自身利益的同时履行基本的社会责任以及满足关键利益相关者的利益要求，这就需要对企业社会责任活动进行分层管理。现有文献对社会责任分层主要有两种方法：一种是 Carroll 的金字塔模型四种责任分类法，即经济

的、法律的、伦理的、自愿的四种责任，是最为典型的分类方法；二是利益相关者方法，即对股东、债权人、员工、消费者、供应商、社区等利益相关者的责任，这种方法仅仅以社会责任主体对企业社会责任分层比较粗浅，这种方法不很合理也不符合企业实际。笔者比较赞同先根据 Lantos 的观点将社会责任分为强制性的和自愿性的两类，再沿着利益相关者思路进一步分层，然后继续对利益相关者责任的内容分层，最后再根据社会责任的履行程度分层，这样把企业社会责任分层管理落实到企业的日常活动中。

（4）加强治理与转化。企业作为营利性经济组织，持续性承担企业社会责任的前提是其生存与可持续发展。因此，履行企业社会责任是需要企业一定资金实力作支撑，企业要加强内部治理，不断提高经济效率和改善企业经营绩效，增强可持续发展能力为企业社会责任的履行提供经济支持。与此同时，企业应主动披露企业社会责任履行信息，加强宣传与传播，加快企业社会责任向企业竞争优势的转化，形成企业社会责任活动可持续发展的良性循环。

综上，企业经营管理者要有社会责任意识和履行社会责任能够创造价值的理念，转变经营理念和经营方法，建立和完善履行社会责任的事前决策、事中管理与事后评价的机制。科学界定企业社会责任的边界，区分履行对象的层次和类别，根据自身能力和所处的发展阶段分层次推进；完善企业社会责任信息披露制度和加强公司治理，最大化企业社会责任履行的经济效应和社会效应。

（三）社会层面的支持

为了更好地履行企业社会责任，还需要培养和加强推动企业履行社会责任社会层面的各种力量。这些力量包括来自国际的、政府的、社会舆论的、民间团体或民众个人的，他们所处的角度不同，关注的问题也不尽相同，形成各种推动企业履行社会责任的动力。国际环境与国际组织，为全球企业社会责任活动带来压力与动力，通过产业价值链将社会责任活动传导给相关的供应链企业成员；政府职能部门加快转变，打造法制的和诚信的政府，积极引导企业承担社会责任，并为社会提供良好的行政服务。社会舆论、民间团体充分利用客观、公正贴近社会的特点，从外部对企业履行社会责任进行监督或者督促其内部自律。具体来说，主要从以下几个方面重点进行。

1. 加强媒体宣传与监督功能

当前我国企业和消费者等社会责任意识还比较薄弱，需要通过多种媒体进行大力宣传，使企业社会责任理念深入人心，让企业自觉履行责任，政府主动加强监管，公众积极参与监督，才能确保社会责任得到有效的履行。为此，媒体必须肩负监督企业履行社会责任行为的重任，及时报道并宣扬优秀企业正面社会责任的典型事迹，形成良好的舆论导向，引导公众和企业树立正确的企业社会责任观。媒体对社会责任缺失现象进行追踪和广泛的报道，给有关企业施加压力，迫使其及时采取措施纠正错误。同时，媒体的介入也会给相关执法部门施以压力，可以使其更加快速客观地解决问题。总之，媒体通过约束、监督、鼓励甚至感化企业，为企业承担社会责任创造一个良好的环境，营造一个公正的社会环境和竞争秩序。

2. 充分发挥非政府组织的作用

由于非政府组织可以在企业与社会之间建立灵活多样的沟通平台和磋商机制，这样可以使企业与社会之间的利益矛盾在民间层面有可能高效化解。不过由于历史传统的原因，非政府在我国社会中的影响力量一直比较弱，在解决社会责任问题上发挥的作用也比较有限。但现实中，社会发展要求政府应该由全能型政府向有限性政府转变，为了避免转变过程中出现政府退出带来社会管理真空，必须由社会组织及时接替相应的社会职能。

所以，非政府组织应该不断提高自身的管理水平、公信力和影响力，主动加强与政府合作，了解政府的政策导向，承担政府不便解决的问题。充分发挥自身优势加强与企业的沟通，把部分矛盾消灭在萌芽状态。此外，非政府组织还可以通过舆论监督防止甚至制止少数政府官员与企业间的串谋行为，从而维护社会和大众的利益。

3. 加强国际间的交流与合作

作为发展中国家，我国企业社会责任中遇到的诸多问题在西方发达国家都已经历过了，吸取它们的经验教训，有利于我国政府和企业少走弯路而加快发展步伐。例如，西方国家制定了很多涉及社会责任不同领域的企业履行社会责任的标准，这些标准也日益被国际社会和组织认可，这可以为我国企业尤其是大型企业的社会责任提供国际标准，为走向世界准备条件。另外，随着国际间经济交往的日益频繁，跨国企业的经营活动不断向世界拓展，对跨国公司履行社会责任的监管不能仅靠某一国的力量，需要同跨国企业经营活动的所在国共同联手进行。因此，国际间的交流与合作有助于在世界范围内进行网络监管，强化对跨国公司社会责任行为的监督与检查。

从某种意义上说，企业社会责任问题实质是公平与效率问题，其深层次根源在于国家对当前经济和社会发展目标的权衡。在当前的形势下，国家既不希望出现严重的社会不公、环境污染等影响社会和谐的问题，又不希望过多损失经济效率。以经济建设为中心是国家的基本路线，实践证明也是对的，但企业利益与社会利益之间的矛盾日益凸显同样是不可回避的现实。因此，解决企业社会责任问题的根本，在于国家政府愿意在多大程度上牺牲效率，换取社会公平的提升、环境的改善和经济增长模式的转变。

第三节 研究贡献

综上所述，企业社会责任研究领域目前还不是很成熟，国内外的研究大多也是规范性研究，实证研究较少，定性研究较多，定量研究较少。关于企业社会责任对企业长期发展影响的实证研究非常匮乏，企业社会责任与企业竞争优势关系方面的实证更加少。本书通过系统梳理企业社会责任相关研究文献，通过上市公司面板数据，对企业社会责任、企业社会责任与企业竞争优势的关系进行了较为系统的定量研究，为我国企业社会责任活动提供理论依据与实践指南。主要贡献如下：

第一，本书首先从根源上追溯企业社会责任与企业竞争优势两者之间关联的契合点，从理论上廓清企业社会责任与企业竞争优势耦合的三种通路，构建并检验了企业社会责任向企业竞争优势转化的机理模型。研究结果表明企业社会责任行为对企业竞争优势的提升确实有正向作用，说明企业社会责任活动对企业生存与发展具有重要意义。

第二，企业竞争优势的来源是分多个层面与多个维度的，主要从能力优势、价值优势和绩效优势三个层面体现出来。有鉴于此，本书创造性提出企业社会责任向企业竞争优势的转化通过资源能力、企业价值和企业绩效三个层面表现出来的，打破了以往研究中将企业竞争优势作为一个笼统变量的做法，破解了无法清晰解释为何不同学者关于企业社会责任与企业绩效关系实证得出不同结论的窘境。本书表明，企业社会责任向企业竞争

优势转化过程中在能力、价值和绩效这三个层面确实存在不同转化效应。

第三，打破大多数研究将企业社会责任指标按照利益相关者划分的分类法，认为范围笼统且不太切合实际。本书提出企业社会责任向企业竞争优势转化具有重要影响的是企业承担社会责任的方式和战略，由此重点强调企业社会责任行为的概念，并根据不同企业对于企业社会责任的动机、态度和反应方式，将企业社会责任指标划分为强制性 CSR、回应性 CSR、战略性 CSR 和利他性 CSR 行为，更符合企业社会责任活动的实际情况，进一步完善中国企业社会责任研究体系。

第四，验证了企业社会责任不同行为向企业竞争优势转化的不同效应，研究结果表明战略性企业社会责任行为向企业竞争优势转化的效应最显著。为了增强企业的竞争优势，实现企业与社会共生共赢，企业应将企业社会责任纳入企业战略框架，即实施战略性企业社会责任。本书进一步探讨了企业社会责任与企业战略整合的理论逻辑和具体的实施路径，为企业如何合理有效地履行社会责任活动提供了具体的行动指南。

第四节
研究不足与研究展望

一、研究不足

由于研究时间有限且囿于笔者的学识以及所采用的研究方法所限，难免会存在诸多不足之处，主要有以下几个方面：

第一，由于我国企业在社会责任信息披露方面很不完善，数据也不连贯，所以本书在实证研究中由于调查样本所限，也给研究带来一定的局限性。表现在：不同成长阶段企业的社会责任行为以及不同产业类型的企业社会责任行为表现具有显著性差异，本书在实证中并没有深入研究这两个方面对企业竞争优势的影响，未来可以对此进行更加深入的研究。

第二，样本所选的是2009~2015年七年的数据，由于企业社会责任行为对于企业的影响存在时滞性，即企业以往年度的绩效水平会影响当前的社会责任行为，而当前的社会责任行为对于企业的影响也有可能现在还没有完全表现出来，所以想要更加清晰地分析企业社会责任行为与企业竞争优势之间的关系，样本节选时间可能还不够，应该继续动态跟踪进行调查研究，尤其是一些典型企业的社会责任实践非常值得去深入研究。

第三，出于简化模型的需要，本书对于企业竞争优势三个层面的指标只选用了几个代表性指标，而未加选择的那些指标在一定条件下有可能也起到非常重要的作用，因此在模型中未考虑这些指标可能会导致丢失一些重要变量从而影响结论的正确性。

二、研究展望

企业社会责任问题是一个非常广阔的研究领域，涉及面很广。目前国内外学者对企业社会责任的研究还远不成熟，有很多非常具有理论意义和实践价值的课题需要研究。本书仅在此领域进行了非常粗浅的尝试性研究，在未来企业社会责任行为领域还可以从以下几个方面去深入探讨。

（一）企业社会责任行为的选择和转化的研究

目前越来越多的学者从社会学和心理学方面来分析企业行为，对企业社会责任行为的分析也逐渐演进到更加关注组织内部因素的影响。比如企业管理者对企业社会责任的认知、企业高管的特征、企业生命周期等因

素，对企业战略的影响和实施结果都将起着非常重要的作用。因此，未来研究可以基于过程视角利用问卷调查或深入访谈等手段，或者是用对目前来说比较前沿的实验研究方法，来了解和比较不同类型企业社会责任行为选择与企业竞争优势之间的关系，对企业家特征和企业特征等因素与企业社会责任行为问题深入展开实证研究和案例研究。

（二）不同制度背景下企业社会责任战略的比较研究

目前，虽然现有一些理论可以为不同国家经济体制下企业社会责任行为的异质性提供具有说服力的解释，但是实证研究给予支持的比较少。在不同制度环境下，企业社会责任行为的比较受到了广泛关注，但是研究只涵盖了比较少的国家，对发达国家与发展中国家企业社会责任行为进行比较研究的更少。因此，未来研究可以根据不同企业社会责任行为分类的标准，设计出统一的量表，在不同国家间选取样本进行对比和评估，从实证角度探讨不同制度环境下企业社会责任战略的同质性和异质性。

（三）从战略角度进行企业社会责任行为研究

随着相关理论的发展以及学科之间的相互交融，从战略角度考虑企业社会责任行为的主动性和动态演进是一个主要的研究趋势。但是，对于在不同制度、不同情境下的具体企业如何“战略性”地进行企业社会责任活动将是下一步研究的焦点所在。

另外，除以上关于企业社会责任行为的研究趋势外，关于企业社会责任领域的研究还有两个方面的趋势。一是研究内容上进行跨层次研究趋势。现有关于企业社会责任领域的研究一般是从组织层面进行，从制度和个体层面来研究的相对来说比较少，从三个层面来研究的几乎没有。由于企业社会责任问题既与经济发展、社会文化、制度法律等宏观环境相关，又与公司治理、企业文化、组织规模等组织特性相关，还与企业内部领导者风格、员工行为等个体变量相关，因此，开展企业社会责任适当的跨层次研究是未来研究的一个趋势。二是研究方法上进行跨学科研究。现有研究大多利用上市公司数据库的相关数据，或者采用问卷调查或深入访谈等手段获取相关数据进行实证研究，也出现了少数部分研究者采用实验法来收集数据，来研究企业社会责任领域中关于个体动机、态度与行为结果关系之间的问题。可见，以前实验研究方法主要应用于心理学、组织行为学和消费者行为学等领域，现在已经开始被引入到企业社会责任研究领域，这进一步加强和丰富了企业社会责任领域跨学科研究的趋势。

总之，在全球经济发展的趋势下，企业社会责任无论规范研究还是实证研究，将是研究的持续热点，在研究方法上会越来越细致，注重实证检验和应用将成为主要趋势。

参考文献

[1] Abagail McWilliams. Raising Rivals' Costs through Political Strategy: An Extension of Resource-based Theory [J]. Journal of Management Studies, 2002 (39).

[2] Ackerman W. Bauer. A Corporate Social Responsiveness: The Modern Dilemma [M]. Reston VA: Reston, 1976.

[3] Alafi K., Hasoneh A. B. Corporate Social Responsibility Associated with Customer Satisfaction and Financial Performance a Case Study with Housing Banks in Jordan [J]. International Journal of Humanities and Social Science, 2012 (2).

[4] Albinger H. S., Freeman S. J. Corporate Social Performance and Attractiveness as an Employer to Different Job Seeking Populations [J]. Journal of Business Ethics, 2000 (3).

[5] Andrews, Kenneth Richmond. The Concept of Corporate Strategy [M]. Homewood: Richard D. Irwin Inc., 1971.

[6] Aneel Kamani. The Case Against Corporate Social Responsibility [J]. Wall Street Journal, 2010 (17).

[7] Antunovich P., Laster D., Mitnick S. Are High-Quality Firms Also High-Quality Investments? [J]. Current Issues In Economics And Finance, 2000 (6).

[8] Asif M., Searcy C., Zutshi A., Fisscher O. A. M. An Integrated

Management Systems Approach to Corporate Social Responsibility [J]. Journal of Cleaner Production, 2013 (10).

[9] Aupperle, K. E. , Carroll, A. B. , Hatfield J. D. An Empirical Examination of the Relationship Between Corporate Social Responsibility and Profitability [J]. Academy of Management Journa, 1985 (2).

[10] Ayadi Mohamed , Kusy Martin I. , Pyo Minyoung , Trabelsi Samir. Corporate Social Responsibility, Corporate Governance, and Managerial Risk - Taking [C]. 2015 Canadian Academic Accounting Association (CAAA) Annual Conference.

[11] Backhaus K. B. , Stone B. A. , Heiner K. Exploringthe Relationship Between Corporate Social Performance and Employer Attractiveness [J]. Business and Society, 2002 (41).

[12] Barnett M. L. , Salomon R. M. Does It Pay to Be Really Good? Addressing the Shape of the Relationship between Social and Financial Performance [J]. Strategic Management Journal, 2012.

[13] Barnett M. L. Stakeholders Influence Capacity and the Variability of Financial Returns to Corporate Social Responsibility [J]. Academy of Management Review, 2007 (32).

[14] Barnett R. Evolutionary Perspective on Strategy [J]. Strategic Management Journal, 1996 (17).

[15] Barnett R. The Limits of Competence, Knowledge, Higher Education and Society [J]. Buckingham: SRHE and The Open University Press, 1994.

[16] Barney J. B. , Muhanna W. A. Capabilities, Business Processes and Competitive Advantage: Choosing the Dependent Variable in Empirical Tests of the Resource-based View [J]. Strategic Management Journal, 2004 (25).

[17] Barney J. B. Firm Resources and Sustained Competitive Advantage [J]. Journal of Management, 1991 (17).

[18] Barney J. B. Firm Resources and Sustained Competitive Advantage [J]. Journal of Management, 1991 (17).

[19] Barney J. B. Purchasing, Supply Chain Management and Sustained Competitive Advantage: The Relevance of Resource-based Theory [J]. Journal of Supply Chain Management, 2012 (2).

[20] Barney J. B. Types of Competition and the Theory of Strategy: Toward an Integrative Framework [J]. The Academy of Management Review, 1986 (11).

[21] Baron D. P. Private Politics, Corporate Social Responsibility, and Integrated Strategy [J]. Journal of Economics and Management Strategy, 2001 (1).

[22] Barton L. Crisis in Organizations: Managing and Communicating in the Heat of Chaos [M]. Cincinnati: South-Western Publishing Company, 1993.

[23] Basu K., Palazzo G. Corporate Social Responsibility: A Process Model of Sense making [J]. Academy of Management Review, 2008 (1).

[24] Becker B., Gerhart B. The Impact of Human Resource Management on Organizational Performance: Progress and Prospects [J]. The Academy of Management Journal, 1996 (39).

[25] Becker-Olsen K. L., Cudmore B. A, Hill R. P. The Impact of Perceived Corporate Social Responsibility on Consumer Behavior. Journal of Business [J]. Journal of Business Research, 2006 (1).

[26] Belu C., Manescu C. Strategic Corporate Social Responsibility and Economic Performance [J]. Applied Economics, 2013 (19).

[27] Bhattacharya C. B. , Korschun D. , Sen S. Strengthening Stakeholder-Company Relationships through Mutually Beneficial Corporate Social Responsibility Initiatives [J]. Journal of Business Ethics, 2009 (2).

[28] Bhattacharya C. B. , S. Sen. Consumer Company Identification: A Framework for Understanding Consumers' Relationships with Companies [J]. Journal of Marketing , 2003 (2).

[29] Bhattacharyya S. S. A Resource-centric Perspective on Strategic and Sustainable Corporate Social Responsibility (CSR) initiatives [J]. International Journal of Business Competition and Growth, 2010 (1).

[30] Birch D. Corporate Citizenship-rethinking Business Beyond Corporate Social Responsibility [J]. Perspectives on Corporate Citizenship, 2001 (53).

[31] Blair M. Ownership and Control: Rethinking Corporate Governance for the Twenty-first Century [M]. Washington: the brooking institution, 1995.

[32] Bourgeois L. J. On the Measurement of Organizational Slack [J]. The Academy of Management Review, 1981 (6).

[33] Bowen H. R. Social Responsibilities of the Businessman [M]. New York: Harpar, 1953.

[34] Bowen H. Social Responsibilities of the Businessman [M]. New York: Harpor and Row, 1953.

[35] Brammer S. , Brooks C. , Pavelin S. Corporate Social Performance and Stock Returns: UK Evidence from Disaggregate [J]. Financial Management, 2006 (3).

[36] Brammer S. , Pavelin S. Building a Good Reputation [J]. European Management Journal, 2004 (6).

[37] Brown T. J. , Dacin P. A. The Company and the Product: Corporate

Associations and Consumer Product Responses [J]. Journal of Marketing, 1997 (61).

[38] Bryan Husted. A Contingency Theory of Corporate Social Performance [J]. Business and Society March, 2000 (39).

[39] Bryan W., Husted D., Allen D. B. Strategic Corporate Social Responsibility and Value Creation: A Study of Multinational Enterprises in Mexico [J], Management International Review, 2009 (49).

[40] Burke L., Logsdon, J. M. How Corporate Social Responsibility Pays off [J]. Long Range Planning, 1996 (4).

[41] Campbell J. L. Why Would Corporations Behave in Socially Responsible Ways? An Institutional Theory of Corporate Social Responsibility [J]. The Academy of Management Review, 2007 (32).

[42] Carlisle Y. M., Faulkner D. O. Corporate Social Responsibility: A Stages Framework [J]. European Business Journal, 2004 (4).

[43] CarlisleY. M., Faulkner D. O. Corporate Social Responsibility: A Stages Framework [J]. European Business Journal, 2004 (4).

[44] Carpenter M. A., Sanders WG. Strategic Management: Concepts and Cases [M]. Upper Saddle River: Prentice Hall, 2007.

[45] Carroll A. B., Buchholtz A. K. Business and Society: Ethics and Stakeholder Management [M]. Nashville: South-Western College Pub, 2008.

[46] Carroll A. B. A Three-dimensional Conceptual Model of Corporate Performance [J]. Academy of Management Review. 1979 (10).

[47] Carroll A. B. A Three-Dimensional Conceptual Model of Corporate Social Performance [J]. Academy of Management Review, 1979 (4).

[48] Carroll A. B. Corporate Social Responsibility: Evolution of a Definition

Construct [J]. Business and Society, 1999 (38).

[49] Carroll A. B. Corporate Social Responsibility [J]. Business and Society, 1999 (3).

[50] Carroll A. B. The Pyramid of Corporate Social Responsibility: Toward the Moral Management of Organizational Stakeholders [J]. Business Horizons, 1991 (34).

[51] Carroll A. B. The Pyramid of Corporation Social Responsibility: Toward the Moral Management of Organizational Stakeholders [J]. Business Horizons, 1991 (7-8).

[52] Carter A., B. Simkins, W. Simpson. Corporate Governance, Board Diversity, and Firm Value [J]. The Financial Review, 2003 (38).

[53] Charles Fombrun and Mark Shanley. What's in a Name? Reputation Building and Corporate Strategy [J]. The Academy of Management Journal, 1990 (33).

[54] Christensen Clayton M. The Innovators Dilemma When New Technologies Cause Great Firms To Fail [M]. Boston Massachusetts: Harvard Business School Press, 1997.

[55] Christopher Meyer, Julia Kirby. 外部效应的“内化”管控 [J]. 董事会, 2010 (5).

[56] Clarkson M. B. E. Defining, Evaluating, and Managing Corporate Social Performance: The Stakeholder Management Model [J]. Research in Corporate Social Performance and Policy, 1991 (12).

[57] Clarkson M. A Stakeholder Framework for Analyzing and Evaluating Corporate Social Performance [J]. Academy of Management Review, 1995 (1).

[58] Collins C. J., Clark K. D. Strategic Human Resources, Top

Management Team Social Networks and Firm Performance: The Role of Human Resource Practice in Creating Organizational Competitive Advantage [J]. Academy of Management Journal, 2003 (46).

[59] Collins J. C. , Porras J. I. Built to Last: Successful Habits of Visionary Companies [M]. (Translated by Ru Zhen). Beijing: CITIC Press, 2002.

[60] Cornell B. , Shapiro A. C. Corporate Stakeholders and Corporate Finance [J]. Financial Management, 1987 (16).

[61] Cornwell T. Bettina , Coote Leonard V. Corporate Sponsorship of a Cause: The Role of Identification in Purchase Intent [J]. Journal of Business Research, 2005 (3).

[62] Craig Smith N. The New Corporate Philanthropy [J] . Harvard Business Review, 1994.

[63] Davis K. The Case for and Against Business Assumption of Social Responsibilities [J]. Academy of Management Journal, 1973 (16).

[64] Davis K. Can Business Afford to Ignore Social Responsibilities? [J]. California Management Review, 1960 (3).

[65] Dechant K. Altman B. Environmental leadership: From Compliance to Competitive Advantage [J]. Academy of Management Executive, 1994 (3).

[66] Dirk Michael Boehe, Luciano Barin Cruz. Corporate Social Responsibility, Product Differentiation Strategy and Export Performance [J]. Journal of Business Ethics, 2010 (91).

[67] Donaldson T. , L. E. Preston. The Stakeholder Theory of the Corporation: Concepts, Evidence, and Implications [J]. Academy of Management Review, 1995 (20).

[68] Donaldson T. , Preston L. E. The Stakeholder Theory of the Corporation:

Concepts, Evidence, and Implications [J]. The Academy of Management Review, 1995 (20).

[69] Donaldson T., T. W. Dunfee. Ties That Bind in Business Ethics: Social Contracts and Why They Matter [J]. Journal of Banking and Finance, 2002 (9).

[70] Drucker P. F. The New Meaning of Corporate Social Responsibility [J]. California Management Review, 1984 (2).

[71] Dutton J. E., Dukerich J. M., Harquail C. V. Organizational Images and Member Identification [J]. Administrative Science Quarterly, 1994 (39).

[72] Dyer J. H., Singh H. The Relational View: Cooperative Strategy and Sources of Interorganizational Competitive Advantage [J]. The Academy of Management Review, 1998 (23).

[73] D'Aveni, R. A. Hypercompetition: Managing the Dynamics of Strategic Maneuvering [M]. New York: Free Press, 1994.

[74] Edith Penrose. The Theory of the Growth of the firm [M]. Oxford: Oxford University Press, 1959.

[75] Edwin M. Epstein. Business Ethics, Corporate Good Citizenship and the Corporate Social Policy Process: A View from the United States [J]. Journal of Business Ethics, 1989 (8).

[76] Eunice Abimbola Adegbola. Corporate Social Responsibility as a Marketing Strategy for Enhanced Performance in the Nigerian Banking Industry: A Granger Causality Approach [J]. Procedia - Social and Behavioral Sciences, 2014 (164).

[77] Evan W. M., R. E. Freeman R. A Stakeholder Theory of the Modern Corporation: Kantian Capitalism [J]. Ethical Theory and Business, 1988

(97).

[78] Falkenberg J., Bruns, P. Corporate Social Responsibility: A Strategic Advantage or a Strategic Necessity [J]. Journal of Business Ethics, 2011 (10).

[79] Flatt S. J., Kowalczyk S. J. Creating Competitive Advantage through Intangible Assets: The Direct and Indirect Effects of Corporate Culture and Reputation [J]. Advances in Competitiveness Research, 2008 (16).

[80] Flynn B. B., Schroeder R. G., Sakakibara S. A Framework for Quality Management Research and an Associated Measurement Instrument [J]. Journal of Operations Management, 1994 (11).

[81] Fombrun C., Shanley M. What's in a Name? Reputation Building and Corporate Strategy [J]. Academy of Management Journal, 1990 (2).

[82] Fombrun C. J., Gardberg N. A., Sever J. M. The Reputation QuotientSM: A Multi-stakeholder Measure of Corporate Reputation [J]. Journal of Brand Management, 2000 (7).

[83] Fombrun C. J. Reputation: Realizing Value from the Corporate Image [M]. Harvard: Harvard Business School Press, 1996.

[84] Frederick W. C. Moving to CSR4: What to Pack for the Trip [J]. Business and Society, 1998 (1).

[85] Freeman R. E., Liedtka J. Corporate Social Responsibility: A Critical Approach [J]. Business Horizons, 1991 (34).

[86] Freeman R. E., Velamuri S. R. A New Approach to CSR: Company Stakeholder Responsibility [J]. SSRN Electronic Journal, 2006 (1).

[87] Freeman R. E. Strategic Management: A Stakeholder Approach [M]. London: Pitman Publishing Inc., 1984.

[88] Friedman M. The Social Responsibility of Business is to increase its

Profit [J]. New York Times Magazine, 1970 (12).

[89] Friedman M. The Social Responsibility of Business Is to Increase Its Profits [J]. The New York Times Magazine, 1970.

[90] Fulmer I. S., Barry G. Are the 100 Best Better? An Empirical Investigation of the Relationship between Being a "Great Place to Work" and Firm Performance [J]. Personnel Psychology, 2003 (4).

[91] Galbreath J. Which Resources Matter to Firm Success? An Exploratory Study of Resource-based Theory [J]. Technovation, 2005 (9).

[92] Gardberg N. A., Schepers D. H. Do Stakeholders Detect Corporate Social Performance Signals? [J]. Academy of Management Proceedings, 2008 (1).

[93] Gareis R. Happy Project [M]. Vienna: Manz, 2005.

[94] Garriga E., Melé D. Corporate Social Responsibility Theories: Mapping the Territory [J]. Journal of Business Ethics, 2004 (53).

[95] Ghemawat P. Commitment: The Dynamic of Strategy [M]. New York: Free Press, 1991.

[96] Glavas A., Kelley K. The Effects of? Perceived Corporate Social Responsibility on Employee Attitudes [J]. Business Ethics Quarterly, 2014 (2).

[97] Grant R. M. The Resource-Based Theory of Competitive Advantage: Implications for Strategy Formulation [J]. California Management Review,, 1991 (3).

[98] Greening D. W., Turban, D. W. Corporate Social Performance as a Competitive Advantage in Attracting a Quality Wworkforce [J]. Business and Society, 2000 (30).

[99] Gugler P., Shi J. Y. J. Corporate Social Responsibility for Developing Country Multinational Corporations: Lost War in Pertaining Global Competitive-

ness? [J]. Journal of Business Ethics, 2009 (3).

[100] Halme M., Laurila J. Philanthropy, Integration or Innovation? Exploring the Financial and Societal Outcomes of Different Types of Corporate Responsibility [J]. Journal of Business Ethics, 2009 (3).

[101] Hansen G. S, Wernerfelt B. Determinants of Firm Performance the Relative Impact of Economic and Organizational Factors [J]. Strategic Management Journal, 1989 (10).

[102] Hart S. L. A Natural-resource-based View of the Firm [J]. Academy of Management Review, 1995 (4).

[103] Hart S. L. A Natural-Resource-Based View of the Firm [J]. The Academy of Management Review, 1995 (4).

[104] Hasseldine J., Salama A. I., Toms J. S. Quantity versus Quality: The Impact of Environmental Disclosures on the Reputations of UK Plcs [J]. The British Accounting Review, 2005 (37).

[105] Helfat Constance E., Raubitschek Ruth S. Product Sequencing: Co - evolution of Knowledge, Capabilities and Products [J]. Strategic Management Journal, 2000 (21).

[106] Hillman A. J., Keim G. D. Shareholder Value, Stakeholder Management, and Social Issues: What's the Bottom Line? [J]. Strategic Management Journal, 2001 (22).

[107] Hofer C. W., Schendel D. Strategy Formulation: Analytical Concepts [M]. St. Paul: West Publishing, 1978.

[108] Hooghiemstra R. Corporate Communication and Impression Management: New Perspectives Why Companies Engage in Corporate Social Reporting [J]. Journal of Business Ethics, 2000 (27).

[109] Hunt S. D., Vitell S. A General Theory of Marketing Ethics [J]. Journal of Macromarketing, 1986 (6).

[110] Husted B., Allen D. B. Corporate Social Responsibility in the Multinational Enterprise: Strategic and Institutional Approaches [J]. Journal of International Business Studies, 2006 (37).

[111] Husted B., J. De Jesus Salazar Taking Friedman Seriously: Maximizing Profits and Social Performance [J]. Journal of Management Studies, 2006 (43).

[112] Husted B. W., Allen D. B. Corporate Social Strategy in Multinational Enterprises: Antecedents and Value Creation [J]. Journal of Business Ethics, 2007 (74).

[113] Husted B. W., Allen D. B. Strategic Corporation Social Responsibility and Value Creation among Large Firms [J]. Long Range Planning, 2007 (7).

[114] Husted B. W., Allen D. B. Toward a Model of Corporate Social Strategy Formulation. Proceedings of the Social Issues in Management Division at Academy of Management Conference [C]. Washington D. C., Washington, Estados Unidos, 2001 (8).

[115] Husted B. W., Salazar J. D. J. Taking Friedman Seriously: Maximizing Profits and Social Performance [J]. Journal of Management Studies, 1995 (20).

[116] Husted B. W., Salazar J. D. J. Taking Friedman Seriously: Maximizing Profits and Social Performance [J]. Journal of Management Studies, 2006 (1).

[117] Husted B. W., Salazar J. J. Taking Friedman Seriously: Maximizing Profits and Social Performance [J]. Journal of Management Studies, 2006 (1).

[118] Husted B. W. Risk Management, Real Options and Corporate Social Responsibility [J]. Journal of Business Ethics, 2005 (60).

[119] Jacobsen R. The Persistence of Abnormal Returns [J]. Strategic Management Journal, 1988 (9).

[120] James J. Brummer. Corporate Responsibility and Legitimacy [M]. California: Greenwood Press, 1991.

[121] Jensen M. C. Value Maximization, Stakeholder Theory, and the Corporate Objective Function [J]. Business Ethics Quarterly, 2002 (12).

[122] Jensen M. C. Value Maximization, Stakeholder Theory, and the Corporate Objective Function [J]. Journal of Applied Corporate Finance, 2010 (1).

[123] Johansen T. S., Nielsen A. E. Strategic Stakeholder Dialogues: A Discursive Perspective on Relationship Building [J]. Corporate Communications An International Journal, 2011 (3).

[124] Jones T. M., Felps W., Bigley G. A. Ethical Theory and Stakeholder-Related Decisions: The Role of Stakeholder Culture [J]. Academy of Management Review, 2007 (32).

[125] Jones T. M. Instrumental Stakeholder Theory: A Synthesis of Ethics [J]. The Academy of Management Review, 1995 (20).

[126] Joyner B. E., Payne D. Evolution and Implementation: A Study of Values, Business Ethics and Corporate Social Responsibility [J]. Journal of Business Ethics, 2002 (4).

[127] Karim S., Mitchell W. Path-dependent and Pathbreaking Change: Reconfiguring Business Resources Following Acquisitions in the U. S. Medical Sector [J]. Strategic Management Journal, 2000 (21).

[128] Kathleen M. Eisenhardt, Jeffrey A. Martin. Dynamic Capabilities: What are They? [J]. Strategic Management Journal, 2000 (21).

[129] Kay J. A. The Structure of Strategy [J]. Business Strategy Review, 1993 (4).

[130] Ker-Tah Hsu. The Advertising Effects of Corporate Social Responsibility on Corporate Reputation and Brand Equity: Evidence from the Life Insurance Industry in Taiwan [J]. Journal of Business Ethics, 2012 (109).

[131] Kim J., Song H. J., Lee C. K. Effects of Corporate Social Responsibility and Internal Marketing on Organizational Commitment and Turnover Intentions [J]. International Journal of Hospitality Management, 2016 (55).

[132] Kim W. C., R. Mauborgne. Kim W. C., R. Mauborgne [J]. Harvard Business Review, 1997.

[133] Klein J. G., Dawa N. Corporate Social Responsibility and Consumers' Attributions and Brand Evaluations in Product Harm Crisis [J]. International Journal of Research in Marketing, 2004 (21).

[134] Klepper S., Simons, K. L. The Making of an Oligopoly: Firm Survival and Technological Change in the Evolution of the U. S. Tire Industry [J]. Journal of Political Economy, 2000 (40).

[135] Klonoski R. J. Foundational Considerations in the Corporate Social Responsibility Debate [J]. Business Horizons, 1991 (4).

[136] Kohlberg L. Moral Development and Identification [M]. Chicago, IL: University of Chicago Press, 1963.

[137] Kolk A., Mauser A. The Evolution of Environmental Management: From Stage Models to Performance Evaluation [J]. Business Strategy and the Environment, 2002 (1).

[138] kpara J. O. Exploring the Effects of Intangible Resources on Competitive Advantage and Performance of Listed Firms in Nigeria [J]. International Journal of Business and Applied Sciences, 2015 (10).

[139] Lantos G. P. The Boundaries of Strategic Corporation Social Responsibility [J]. Journal of Consumer Marketing, 2001 (7).

[140] Loikkanen L., Hyytinen K. Corporate Social Responsibility and Competitiveness: Empirical Results and Future Challenges [J]. Springer Netherlands, 2011 (27).

[141] Luo X., Bhattacharya C. B. Corporate Social Responsibility, Customer Satisfaction, and Market Value [J]. Journal of Marketing, 2006 (70).

[142] Mackey A., Mackey T. B., Barney J. B. Corporate Social Responsibility and Firm Performance: Investor Preferences and Corporate Strategies [J]. Academy of Management Review, 2007 (3).

[143] Majumdar S. K., Marcus A. A. Rules versus Discretion: The Productivity Consequences of Flexible Regulation [J]. Academy of Management Journal, 2001 (1).

[144] Maon F., Lindgreen A., Swaen V. Designing and Implementing Corporate Social Responsibility: An Integrative Framework Grounded in Theory and Practice [J]. Journal of Business Ethics, 2009 (87).

[145] Maon F., Lindgreen A., Swaen V. Organizational Stages and Cultural Phases: A Critical Review and a Consolidative Model of Corporate Social Responsibility Development [J]. International Journal of Management Reviews, 2010 (1).

[146] Maon F., Lindgreen A., Swaen V. Organizational Stages and Cultural Phases: A Critical Review and a Consolidative Model of Corporate Social Responsibility Development [J]. International Journal of Management Reviews,

2010 (1).

[147] Marc V., Josep M. L., Daniel A. Exploring the Nature of the Relationship Between CSR and Competitiveness [J]. Journal of Business Ethics, 2009 (87).

[148] Margolis J. D., Elfenbein H. A., Walsh J. P. Does it Pay to Be Good? A Meta-analysis and Redirection of Research on the Relationship between Corporate Social and Financial Performance [R]. Harvard University Working Papers, 2008.

[149] Matten D., Crane A. Corporate Citizenship: Toward an Extended Theoretical Conceptualization [J]. Academy of Management Review, 2005 (30).

[150] McWilliams A., Siegel D. S., Wright P. M. Corporate Social Responsibility: Strategic Implications [J]. Journal of Management Studies, 2006 (1).

[151] McWilliams A., Siegel D. S. Corporate Social Responsibility: A Theory of the Firm Perspective [J]. Academy of Management Review, 2001 (1).

[152] Mescon T. S., Tilson D. J. Corporate Philanthropy: A Strategic Approach to the Bottom-Line [J]. California Management Review, 1987 (2).

[153] Mintzberg H., Ahlstrand B., Lampel J. Strategy Safari: A Guided Tour Through The Wilds of Strategic Management [M]. New York: Free Press, 2005.

[154] Mintzberg H. Generic strategies: Toward a Comprehensive Framework [M]. Greenwich: JAI Press, 1988.

[155] Mitchell R. K., B. R. Agle, D. J. Wood. Towards a Theory of Stakeholder Identification and Salience: Defining the Principle of Who and What

Really Counts [J]. Academy of Management Review, 1997 (4).

[156] Mohr L. A., Webb D. J. The Effects of Corporate Social Responsibility and Price on Consumer Responses [J]. Journal of Consumer Affairs, 2005 (1).

[157] Morrell Heald. The Social Responsibilities of Business: Company and Community, 1900-1960 [M]. London: Press of Case Western Reserve University. 1970.

[158] Nahapiet J., Ghoshal. S. Social Capital. Intellectual Capital and the Organizational Advantage [J]. Academy of Management Review, 1998 (2).

[159] Oliver Sheldon. The Philosophy of Management [M]. London: Isaac Pitman sons, 1924.

[160] Orlitzky M., Schmidt F. L., Rynes S. L. Corporate Social and Financial Performance A Meta-Analysis [J]. Organization Studies, 2003 (24).

[161] Pamela J. Derfus, Patrick G. Maggitti, Curtis M. Grimm, Ken G. Smith. The Red Queen Effect: Competitive Actions and Firm Performance [J]. The Academy of Management Journal, 2008 (51).

[162] Pava M. L., Krausz J. The Association between Corporate Social Responsibility and Financial Performance: The Paradox of Social Cost [J]. Journal of Business Ethics, 1996 (15).

[163] Peter Drucker. The Practice of Management [M]. New York: Harper & Row, 1954

[164] Peter Drucker. The Temptation to Do Good [M]. London: Heinemann, 1984.

[165] Peter M. M., John B. B. A Stakeholder-Human Capital Perspective on the Link between Social Performance and Executive Compensation [J]. Busi-

ness Ethics Quarterly，2014（1）.

[166] Peteraf Margaret A.，Barney Jay B. Unraveling The Resource - Based Tangle [J]. Managerial and decision economics，2003（24）.

[167] Peterson D. K. The Relationship between Perceptions of Corporate Citizenship and Organizational Commitment [J]. Business and Society，2004（3）.

[168] Petrich Joseph A.，Quinn John F. Management Ethics Integrity at Work [M]. New York：Newbury Park Publication，1997.

[169] Pfeffer J.，Salancik G. R. The External Control of Organizations：A Resource Dependence Perspective [M]. New York：Harper and Row Publishers，1978.

[170] Piercy N. F.，Kaleka A.，Katsikeas C. S. Sources of Competitive Advantage in High Performing Exporting Companies [J]. Journal of World Business，1998（33）.

[171] Pivato，Sergio ，Misani Nicola，TencatiAntonio. The Impact of Corporate Social Responsibility on Consumer Trust：The Case of Organic Food [J]. Business Ethics：A European Review，2008（17）.

[172] Pomering A.，Dolnicar S. Assessing the Prerequisite of Successful CSR Implementation：Are Consumers Aware of CSR Initiatives [J]. Journal of Business Ethics，2009（2）.

[173] Porter M. Competitive Advantage：Creating and Sustaining，Superior Performance [M]. New York：Free Press，1985.

[174] Porter M. E，Kramer M. R. Strategy and society：The Link between Competitive Advantage and Corporate Social Responsibility [J]. Harvard Business Review，2006（12）.

[175] Porter M. E.，Kramer M. R. Strategy & Society：The Link between

Competitive Advantage and Corporate Social Responsibility [J]. Harvard Business Review, 2006.

[176] Porter M. E., Kramer M. R. The Competitive Advantage of Corporate Philanthropy [J]. Harvard Business Review, 2002 (12).

[177] Porter M. E., Kramer, M. R. The Big Idea: Creating Shared Value. Harvard Business Review, 2011 (89).

[178] Porter M. What is Strategy? [J]. Harvard Business Review, 1996 (6).

[179] Powell T. C. Competitive Advantage: Logical and Philosophical Considerations [J]. Strategic Management Journal, 2001 (9).

[180] Preston Lee E., Post James E. Private Management and Public Policy: The Principle of Public Responsibility [M]. Upper Saddle River: Pretice Hall, Inc., 1975.

[181] PrestonLE., Sapienza H. J. Stakeholder Management and Corporate Performance [J]. Journal of Behavioral Economics, 1990 (19).

[182] Rachel Bocquet. Product and Process Innovations in Subcontracting: Empirical Evidence from the French "Sillon Alpin" [J]. Industry and Innovation, 2011 (7).

[183] Reinhardt F. L. Environmental Product Differentiation: Implications for Corporate Strategy [J]. California Management Review, 1998 (40).

[184] Roberts P. W., Dowling G. R. Corporate Reputation and Sustained Superior Financial Performance [J]. Strategic Management Journal, 2002 (23).

[185] Roome N., Louche C. Sustaining Innovation: Collaboration Models for a Complex World [M]. London: Springer Verlag, 2011.

[186] Ruf B. M., Muralidhar K R., et. al. An Empirical Investigation of

the Relationship Between Change in Corporate Social Performance and Financial Performance: A Stakeholder Theory Perspective [J]. Journal of Business Ethics, 2001, (2).

[187] Sandra W. A., Graves S. B. Finding the Link Between Stakeholder Relations and Quality of Management [J]. Journal of Investing, 1997 (12).

[188] Scherer A. G., Palazz, G. The New Political Role of Business in a Globalized World: A review of a New Perspective on CSR and its Implications for the Firm, Governance, and Democracy [J]. Journal of Management Studies, 2011 (4).

[189] Schneider A., Schmidpeter R. Corporate Social Responsibility [M]. Springer Berlin Heidelberg, 2015.

[190] Schwartz M. S., Carroll A. B. Corporate Social Responsibility: A Three-Domain Approach [J]. Business Ethics Quarterly, 2003 (04).

[191] Schwartz M. S., CarrollA. B. Integrating and Unifying Competing and Complementary Frameworks: The Search for a Common Core in the Business and Society Field [J]. Business and Society, 2008 (2).

[192] Sen S., C. B. Bhattacharya. Does Doing Good Alwais Lead to Doing Better? Consumer Reactions to Corporate Social Responsibility [J]. Journal of Marketing Research, 2001 (2).

[193] Sethi S. P. A Conceptual Framework for Environmental Analysis of Social Issues and Evaluation of Business Response Patterns [J]. Academy of Management Review, 1979 (4).

[194] Sethi S. P. Dimensions of Corporate Social Performance: An Analytic framework [J]. California Management Review, 1975 (3).

[195] Sethi S. P. Dimensions of Corporate Social Performance: An Analytical

Framework [J]. California Management Review, 1975 (3).

[196] Sharp Z., Zaidman N. Strategization of CSR [J]. Journal of Business Ethics, 2010 (1).

[197] Sheikh S. Corporate Social Responsibilities: Law and Practice [M]. London: Cavendish Publishing, 1996.

[198] Shen C. H., Chang Y. Ambition versus Conscience, Does Corporate Social Responsibility Pay Off? The Application of Matching Methods [J]. Journal of Business Ethics, 2009 (6).

[199] Shuchuan C., Jhihsyuan L. Consumers' Perception of Corporate Social Responsibility in the United States and China: A Study of Female Cosmetics Consumers [J]. International Journal of Strategic Communication, 2013 (7).

[200] Siegel D. S., Vialiano D. F. An Empirical Analysis of the Strategic Use of Corporate Social Responsibility [J]. Journal of Economics and Management Strategy, 2007 (16).

[201] Spitzeck H., Hansen E. G. Corporate Responsibility Evolution Models: Concepts, Evidence and Implications [C]. Egos Conference, 2010.

[202] Stanwick P. A. Corporate Strategies in the Environmental Management Industry: An Examination of Organizational Performance [J]. Eco-Management and Auditing, 1998 (2).

[203] Starik M. What is a Stakeholder? Toronto Conference: Reflections on Stakeholder Theory [J]. Business & Society, 1994 (33).

[204] Sundaram A. K., Inkpen A. C. Stakeholder Theory and "The Corporate Objective Revisited": A Reply [J]. Organization Science, 2004 (3).

[205] Suzanne B., Lindi R. T., Jannet P. Public Relations Leadership in Corporate Social Responsibility [J]. Journal of Business Ethics, 2010 (96).

[206] Swanson R. A. HRD Theory, Real or Imagined? [J]. Human Resource Development International. 1999 (2).

[207] Swanson R. A. Human Resource Development: Performance is the Key [J]. Human Resource Development Quarterly, 1995 (6).

[208] Teece D. J., Pisano G., Shuen A. Dynamic Capabilities and Strategic Management [J]. Strategic Management Journal, 1997 (18).

[209] Tripsas M., G. Gavetti. Capabilities, Cognition, and Inertia: Evidence from Digital Imaging [J]. Strategic Management Journal, 2000 (21).

[210] Trotman K. T., Bradley G. W. Associations between Social Responsibility Disclosure and Characteristics of Companies [J]. Accounting, Organizations and Society, 1981 (6).

[211] Turban D. B., D. W. Greening. Corporate Social Performance and Organizational Attractiveness to Prospective Employees [J]. Academy of Management Journal, 1996 (3).

[212] Turban D. B., Greening. Corporate Social Performance and Organizational Attractiveness to Prospective Employees [J]. Academy of Managemenl Journal, 1996 (40).

[213] Uriel Rosenthal, Bert Pijnenburg. Crisis Management and Decision Making: Simulation Oriented Scenarios [M]. Boston: Kluwer Academic Publishers, 1991.

[214] Vilanova M., Lozano J., Arenas D. Exploring the Nature of the Relationship between CSR and Competitiveness [J]. Journal of Business Ethics, 2009 (1).

[215] Waddock S., Smith N. Corporate Social Responsibility Audits: Doing Well by Doing Good [J]. Sloan Management Review, 2000 (2).

[216] Wartick L. S., Cochran L. P. The Evolution of the Corporate Social Performance Model [J]. Academy of Management Review, 1985 (4).

[217] Wartick S., Cochran P. The Evolution of Corporate Social Performance [M]. New York: McGraw-Hill, 1985.

[218] Weber M. The Business Case for Corporate Social Responsibility: A Company-level Measurement Approach for CSR [J]. European Management Journal, 2008 (26).

[219] Wernerfelt B. A Resource-based View of the Firm [J]. Strategic Management Journal, 1984 (5).

[220] Weststlund H. Implications of Social Capital of Business in the Knowledge Economy: Theoretical Considerations [C]. International Forum on Economic Implication of Social Capital. Presented for the International Forum on Economic Implication of Social Capital, held by the Economic and Social Research Institute Cabinet Office, Japan, 2003 (3).

[221] Wiggins R. R., RuefliT. W. Schumpeter's Ghost: Is Hypercompetition Making the Strategic of the Times Shorter? [J]. Strategic Management Journal, 2005 (26).

[222] Wijnberg N. M. Normative Stakeholder Theory and Aristotle: The Link Between Ethics and Politics [J]. Journal of Business Ethics, 2000 (25).

[223] Williams R. J., Barrett J. D. Corporate Philanthropy, Criminal Activity, and Firm Reputation: Is There a Link? [J]. Journal of Business Ethics, 2000 (26).

[224] Windsor D. Corporate Social Responsibility: Three Key Approaches [J]. Journal of Management Studies, 2006 (1).

[225] Wood D. J. Corporate Social Performance Revisited [J], Academy

of Management Review, 1991 (4).

[226] Wood D. J. Social Issues in Management: Theory and Research in Corporate Social Performance [J]. Journal of Management, 1991 (17).

[227] Yijing W., Guido B. The Impact of Four Types of Corporate Social Performance on Reputation and Financial Performance [J]. Journal of Business Ethics, 2015 (131).

[228] Zadek S. Going to Scale: Aligning Corporate Responsibility to Strategies for Business and National Competitiveness [J]. Institution Ethics Reflexion, 2005 (14).

[229] Zhilong T., Rui W., Wen Y. Consumer Responses to Corporate Social Responsibility (CSR) in China [J]. Journal of Business Ethics, 2011 (2).

[230] Zucker L. G. The Production of Trust: Institutional Sources of Economic Structure [J]. Research in Organizational Behavior, 1986 (8).

[231] 阿马蒂亚·森．伦理学与经济学 [M]．王宇，王文玉，译．北京：商务印书馆，2004.

[232] 阿奇尔·B. 卡罗尔，安·K. 巴克霍尔茨．企业与社会——伦理与利益相关者 [M]．黄煌平，等译．北京：机械工业出版社，2004.

[233] 埃里克·罗尔．经济思想史 [M]．陆元诚，译．北京：商务印书馆，1981.

[234] 彼得·科斯洛夫斯基．经济秩序理论和伦理学 [M]．北京：中国社会科学出版社，1997.

[235] 毕楠．CSR 价值创造的驱动因素与作用机理研究 [J]．当代经济研究，2012 (7).

[236] 边燕杰，丘海雄．企业的社会资本及其功效 [J]．中国社会科学，2000 (2).

[237] 陈宏辉，贾生华．企业社会责任观的演进与发展：基于综合性社会契约的理解［J］．中国工业经济，2003（12）．

[238] 陈宏辉，王鹏飞．企业慈善捐赠行为影响因素的实证分析——以广东省民营企业为例［J］．当代经济管理，2010（8）．

[239] 陈宏辉，张麟，向燕．企业社会责任领域的实证研究：中国大陆学者2000~2015年的探索［J］．管理学报，2016（7）．

[240] 陈宏辉，张麟等．承担社会责任有助于企业获得竞争优势吗？［J］．珞珈管理评论，2016（6）．

[241] 陈宏辉．企业利益相关者的利益要求：理论与实证研究［M］．北京：经济管理出版社，2004.

[242] 陈佳贵，黄群慧等．中国企业社会责任研究报告（中国企业社会责任蓝皮书）［M］．北京：社会科学文献出版社，2012.

[243] 陈昕，林晓璇．从企业社会责任到企业社会回应与企业社会表现［J］，科技管理研究，2012（14）．

[244] 陈迅，韩亚琴．企业社会责任分级模型及其应用［J］．中国工业经济，2005（9）．

[245] 陈智，徐广成．中国企业社会责任影响因素研究——基于公司治理视角的实证分析［J］，软科学，2011（4）．

[246] 楚金桥．承担社会责任提升企业竞争力的机理与对策［J］．经济理论研究，2006（2）．

[247] 戴维．贝赞可等．公司战略经济学［M］．武亚军等译．北京大学出版社，1999.

[248] 戴亦一，潘越，冯舒．中国企业的慈善捐赠是一种“政治献金”吗？——来自市委书记更替的证据［J］．经济研究，2014（2）．

[249] 德鲁克．管理：任务、责任、实践［M］．北京：中国社会科学

出版社，1987.

［250］方奕．战略视角的企业社会责任［J］．华东师范大学学报，2009（6）．

［251］菲利普·科特勒，南希·李．企业的社会责任——通过公益事业拓展更多的商业机会［M］．姜文波，等译．北京：机械工业出版社，2006.

［252］菲利普·科特勒．企业的社会责任——通过公益事业拓展更多的商业机会［M］．北京：机械工业出版社，2006.

［253］冯丽丽，林芳，许家林．产权性质，股权集中度与企业社会责任履行［J］．山西财经大学学报，2011（9）．

［254］弗里德曼．资本主义与自由［M］．张玉瑞，译．北京：商务印书馆，1986.

［255］高勇强，陈亚静，张云均．“红领巾”还是“绿领巾”：民营企业慈善捐赠动机研究［J］．管理世界，2012（8）．

［256］高勇强，何晓斌，李璐璐．民营企业家社会身份、经济条件与企业慈善捐赠［J］．经济研究，2011（12）．

［257］高勇强，何晓斌等．民营企业家社会身份、经济条件与企业慈善捐赠［J］．经济研究，2011（12）．

［258］高勇强．企业社会责任研究中的困惑［J］．当代经济管理，2009（2）．

［259］高勇强．中国转型社会的政商关系研究［M］．北京：光明日报出版社，2007.

［260］侯历华．企业社会责任与企业竞争优势［J］．企业研究，2006（10）．

［261］胡大力．企业竞争力决定因素及形成机理分析［M］．北京：经

济管理出版社，2004.

［262］黄伟，陈钊．外资进入，供应链压力与中国企业社会责任［J］．管理世界，2015（2）．

［263］贾明，张喆．高管的政治关联影响公司慈善行为吗？［J］．管理世界，2010（4）．

［264］江华，张建民，周莹．利益契合：转型期中国国家与社会关系的一个分析框架——以行业组织政策参与为案例［J］．社会学研究，2011（3）．

［265］姜雨峰，潘楚林．战略性企业社会责任的边界、评价与价值实现［J］．南京审计大学学报，2016（5）．

［266］蒋建湘．企业社会责任的法律化［J］．中国法学，2010（5）．

［267］金碚，李钢．企业社会责任公众调查的初步报告明［J］．经济管理，2006（3）．

［268］金碚．竞争力经济学［M］．广州：广东经济出版社，2003.

［269］鞠芳辉，谢子远，宝贡敏．企业社会责任的实现——基于消费者选择的分析［J］．中国工业经济，2005（9）．

［270］莱因哈德·默恩．企业家的社会责任［M］．北京：中信出版社，2005.

［271］黎友焕．企业社会责任在中国［M］．广州：华南理工大学出版社，2007.

［272］李彬，谷慧敏，高伟．制度压力如何影响企业社会责任：基于旅游企业的实证研究［J］．南开管理评论，2011（6）．

［273］李海芹，张子刚．CSR 对企业声誉及顾客忠诚度影响的实证研究［J］．南开管理评论，2010（1）．

［274］李建升，李巍．企业社会责任向企业竞争优势转化的波及效应［J］．改革，2009（11）．

[275] 李敬强，刘凤军．企业慈善捐赠对市场影响的实证研究——以“5·12”地震慈善捐赠为例［J］．中国软科学，2010（6）．

[276] 李立清，李燕凌．企业社会责任研究［M］．北京：人民出版社，2005.

[277] 李立清．企业社会责任评价理论与实证研究——以湖南省为例［J］．南方经济，2006（1）．

[278] 李培功，沈艺峰．媒体的公司治理作用：中国的经验证据［J］．经济研究，2010（4）．

[279] 李庆华，胡建政．CSR与企业竞争优势的关系研究——来自沪深两市上市公司的经验证据［J］．科学学与科学技术管理，2011（8）．

[280] 李庆华，胡建政．企业社会责任与企业竞争优势的关系研究——来自沪深两市上市公司的经验证据［J］．科学学与科学技术管理，2011（8）．

[281] 李姝，谢晓嫣．民营企业的社会责任，政治关联与债务融资——来自中国资本市场的经验证据［J］．南开管理评论，2014（6）．

[282] 李淑英．企业社会责任：概念界定、范围及特质［J］．哲学动态，2007（4）．

[283] 李四海，陈旋，宋献中．穷人的慷慨：一个战略性动机的研究［J］．管理世界，2016（5）．

[284] 李四海，陆琪睿，宋献中．亏损企业慷慨捐赠的背后［J］．中国工业经济，2012（8）．

[285] 李伟阳，肖红军．企业社会责任概念探究［J］．经济管理，2008（21）．

[286] 李心丹，宋素荣，卢斌等．证券市场内幕交易的行为动机研究［J］．经济究，2008（10）．

[287] 李永强，杨建华等．企业家社会资本的负面效应研究：基于关

系嵌入的视角［J］. 中国软科学，2012（10）.

［288］李正. 企业社会责任与企业价值的相关性研究——来自沪市上市公司的经验证据［J］. 中国工业经济，2006（2）.

［289］梁建，陈爽英等. 民营企业的政治参与、治理结构与慈善捐赠［J］，管理世界，2010（7）.

［290］林丽阳，李桦. 基于微观视角的企业社会责任影响因素研究［J］. 财会通讯，2013（15）.

［291］刘凤军，李敬强，李辉. 企业社会责任与品牌影响力关系的实证研究［J］. 中国软科学，2012（1）.

［292］刘刚，黄苏萍. 企业社会责任、关系资本与竞争优势——基于丰田“召回门”事件的分析与思考［J］. 财贸经济，2110（6）.

［293］刘建秋，盛梦雅. 战略性社会责任与企业可持续竞争优势［J］. 经济管理研究，2017（1）.

［294］刘连煜. 公司治理与公司社会责任［M］. 北京：中国政法大学出版社，2001.

［295］龙静云，戴圣鹏. 论企业的慈善责任［J］. 伦理学研究，2010（7）.

［296］卢代富. 企业社会责任的经济学和法学分析［M］. 北京：法律出版社，2002.

［297］卢代富. 企业社会责任的经济学和法学分析［M］. 北京：法律出版社，2004.

［298］卢涛，王志贵. 基于员工视角的企业社会责任对组织认同的影响研究［J］. 湖北社会科学，2009（8）.

［299］迈克尔·波特. 竞争优势与企业社会责任的联系［N］. 中国企业报，2010-06-17.

[300] 麦影．企业社会责任对竞争优势影响的实证研究 [D]．暨南大学，2010.

[301] 苗莉，赵婉莹．企业社会责任与员工组织承诺的关系研究 [J]．财经问题研究，2012 (5).

[302] 彭雪蓉，刘洋．战略性企业社会责任与竞争优势：过程机制与权变条件 [J]．管理评论，2015 (7).

[303] 冉戎，王丁，谢懿．非政府组织关联，责任战略延续性与融资约束 [J]．南开管理评论，2016 (3).

[304] 任荣明，朱晓明．企业社会责任多视角透视 [M]．北京：北京大学出版社，2009.

[305] 邵兴东．企业社会责任形成竞争优势的机理研究 [J]．湖北社会科学，2009 (12).

[306] 沈洪涛，沈艺峰．公司社会责任思想——起源与演变 [M]．上海：上海人民出版社，2007.

[307] 沈洪涛．21 世纪的公司社会责任思想主流——公司公民研究综述 [J]．外国经济与管理，2006 (8).

[308] 素彬，方苑．企业社会责任与财务绩效关系的实证研究——利益相关者视角的面板数据分析 [J]．中国工业经济，2008 (10).

[309] 眭文娟，谭劲松等．企业社会责任行为中的战略管理视角理论综述 [J]．管理学报，2012 (3).

[310] 眭文娟，张慧玉，车璐．寓利于义？企业慈善捐赠工具性的实证解析 [J]．中国软科学，2016 (3).

[311] 唐更华．企业社会责任发生机理研究 [M]．长沙：湖南人民出版社，2008.

[312] 陶莹，董大勇．媒体关注与企业社会责任信息披露关系研究

[J]. 证券市场导报，2013（11）.

[313] 田虹，潘楚林，姜雨峰. 企业社会责任可见性和透明度对竞争优势的影响——基于企业声誉的中介作用及善因匹配的调节效应 [J]. 南京社会科学，2015（10）.

[314] 田虹. 企业社会责任及其推进制度 [M]. 北京：经济管理出版社，2006.

[315] 田敏，李纯青，萧庆龙. 企业社会责任行为对消费者品牌评价的影响 [J]. 南开管理评论，2014（6）.

[316] 田志伟，葛遵峰. 企业社会责任的竞争优势观 [J]. 贵州社会科学，2007（11）.

[317] 王建华，王方华. 企业竞争力评价的系统模型及方法 [J]. 上海交通大学学报（社会科学版），2002（2）.

[318] 王开田，何玉. 中国民营企业履行社会责任的意愿，方法与效果研究：一项探索性调查 [J]. 江西财经大学学报，2010（6）.

[319] 王茂林. 构建和谐社会必须强化企业的社会责任 [J]. 求是，2005（23）.

[320] 王琦. 基于企业生命周期的企业社会责任价值贡献实证研究 [J]. 北京交通大学学报，2018（1）.

[321] 王水嫩，胡珊珊，钱小军. 战略性企业社会责任研究前沿探析与未来展望 [J]. 外国经济与管理，2011（11）.

[322] 王翔. 企业战略性社会责任及其竞争力培育研究 [J]. 武汉理工大学，2010.

[323] 王志乐. 软竞争力：跨国公司的公司责任理念 [M]. 北京：中国经济出版社，2005.

[324] 谢文武. 公司治理环境对企业社会责任的影响分析 [J]. 现代财

经（天津财经大学学报），2011（1）.

［325］谢雅萍，许美丽．基于利益相关者的企业社会责任行为与企业社会责任效应关系的实证研究［J］．经济经纬，2012（5）.

［326］许正良，刘娜．基于持续发展的企业社会责任与企业战略目标管理融合研究［J］．中国工业经济，2008（9）.

［327］薛澜，张强，钟开斌．危机管理：转型期中国面临的挑战［J］．中国软科学，2003（4）.

［328］颜剩勇．企业社会责任财务评价研究［M］．成都：西南财经大学出版社，2007.

［329］燕杰，丘海雄．企业社会资本及其功效［J］．中国社会科学，2000（2）.

［330］杨汉明，吴丹红．企业社会责任信息披露的制度动因及路径选择——基于“制度同形”的分析框架［J］．中南财经政法大学学报，2015（1）.

［331］杨瑞龙，周叶安．企业的利益相关者理论及其运用［M］．北京：经济科学出版社，2000.

［332］杨熠，沈洪涛．我国企业对社会责任信息披露的认识和实践［J］．审计与经济研究，2008（4）.

［333］杨忠智，乔印虎．行业竞争属性，公司特征与社会责任关系研究——基于上市公司的实证分析［J］．科研管理，2013（3）.

［334］杨自业．企业社会责任研究中的几个基本理论问题［J］．武汉大学学报，2009（11）.

［335］叶祥松，黎友焕．企业社会责任研究评述［J］．经济学动态，2007（5）.

［336］殷格非．责任竞争力——全球企业社会责任最佳实践［M］．北

京：企业管理出版社，2006.

［337］尹珏林，杨俊．可持续竞争优势新探源——战略性企业社会责任整合性研究框架［J］. 未来与发展，2009（6）.

［338］尹开国，刘小芹，陈华东．基于内生性的企业社会责任与财务绩效关系研究——来自上市公司的经验数据［J］. 中国软科学，2014（6）.

［339］袁海霞，田虹．企业慈善捐赠对消费者品牌态度的影响——匹配性与亲和力的调节效应研究［J］. 管理评论，2015（12）.

［340］詹姆斯·E. 波斯特，安尼·T. 劳伦斯，詹姆斯·韦伯．企业与社会：公司战略、公共政策与伦理［M］. 北京：中国人民大学出版社，2005.

［341］张广玲，付祥伟，熊啸．企业社会责任对消费者购买意愿的影响机制研究［J］. 武汉大学学报，2010（2）.

［342］张建君，张志学．中国民营企业家的政治战略［J］. 管理世界，2005（7）.

［343］张建君．竞争—承诺—服从：中国企业慈善捐款的动机［J］. 管理世界，2013（9）.

［344］张景峰．竞争优势与企业价值研究［D］. 同济大学，2008.

［345］张敬伟，王迎军．竞争优势及其演化研究现状评介与未来展望［J］. 外国经济与理，2010（3）.

［346］张麟，王夏阳，陈宏辉，陈良升．企业承担社会责任对求职者会产生吸引力吗——一项基于实验的实证研究［J］. 南开管理评论，2017（5）.

［347］张旭，宋超，孙亚玲．CSR 与竞争力关系的实证分析［J］. 科研管理，2010（5）.

［348］张兆国，靳小翠，李庚秦．企业社会责任与财务绩效之间交互跨期影响实证研究［J］. 会计研究，2013（8）.

［349］赵军．和谐社会中的企业社会责任探析［J］. 求实，2008（5）.

［350］赵瑞，陈金龙．企业社会资本指数的设计及测量［J］. 科技进步与对策，2012（13）.

［351］赵瑞．企业社会资本、财务绩效及其持续性——基于我国上市公司面板数据［J］. 宏观经济研究，2012（7）.

［352］郑海东．企业社会责任行为表现：测量维度、影响因素及企业对企业绩效的影响［D］. 浙江大学，2007.

［353］郑文，胡元林．企业社会责任的内涵及其实现机制研究——基于企业公民视角［J］. 经济研究导刊，2018（5）.

［354］钟瑞庆．法律视野下公司社会责任的成本承担［J］. 厦门大学学报（哲学社会科学版），2013（1）.

［355］周晨．中国上市公司企业社会责任的竞争优势战略属性研究——来自沪深两市 731 家上市公司经验证据［J］. 华东经济管理，2010（4）.

［356］周中胜，何德旭，李正．制度环境与企业社会责任履行：来自中国上市公司的经验数据［J］. 中国软科学，2012（10）.

［357］周中胜，何德旭，李正．制度环境与企业社会责任履行：来自中国上市公司的经验证据［J］. 中国软科学，2012（10）.

［358］周祖城．基于卓越伦理的竞争优势［J］. 南开管理评论，2002（2）.

［359］周祖城．企业伦理学［M］. 北京：清华大学出版社，2005.

［360］朱爱武．论企业社会责任与市场竞争能力的关系［J］. 企业经济，2006（1）.

［361］朱瑞雪，郭京福．社会责任与企业国际竞争力研究［J］. 华东经济管理，2004（6）.